거미 박사
남궁준

거미 얘기는 해도해도 끝이 없어

서른 하고도 일곱에 만난 친구

시골 중학교에서 수학을 가르치던 남궁준 할아버지는 우연한 기회에 거미와 친구가 되었습니다. 학교를 대표해서 과학 전람회 출품작을 준비하다가 '사람들 관심을 받지 못하는 거미를 연구해 보자.'는 생각을 하게 되었지요. 거미 생각만으로 가슴 벅차하던 당시는 서른 하고도 일곱이라는 적지 않은 나이였습니다.

▲ 우리 나라 최초의 거미학자인 백갑용 선생님(맨 왼쪽)과 함께.

◀ 할아버지 집에는 거미 표본, 거미 사진, 거미 책 들을 비롯해 온통 거미로 가득하답니다.

▶ 대구에 있는 팔공산 탐사를 마치고 제자들과 함께.

포충망을 들고 산으로 들로!

남궁준 할아버지는 거미 연구를 평생 동안 해야 할 일로 마음속에 간직한 뒤부터, 바깥에 나갈 때는 반드시 빈 알코올 병을 주머니에 넣고, 포충망을 들고 다녔습니다. 늦은 나이에 연구를 시작한 만큼 틈만 나면 산으로 들로, 거미가 있는 곳이라면 위험한 곳도 마다하지 않았답니다.

▲ 설악산에 사는 거미를 조사하기 위해 산에 오르는 길입니다.

▲ 남궁준 할아버지는 일본 거미학회 정회원으로서 일본 거미학계와 정보를 주고받으며 활발한 활동을 하고 있습니다. 사진은 일본의 거미학자가 한국에 와서 발표회를 했을 때.

▲ 동굴 탐사는 밧줄 하나에 몸을 맡겨야 하는 위험한 일입니다. 강원도 삼척시 월둔굴에서.

▲ 할아버지는 작은 생명이 가진 아름다움을 찾는 것이 큰 보람이랍니다.

작은 생명의 아름다움을 찾아서

남궁준 할아버지는 여든이 넘은 지금도 거미 공부에 온 힘을 쏟고 있습니다. 할아버지는 '현미경으로 보는 거미가 놀랄 만큼 아름답다.'며 작은 생명이 가진 아름다움을 찾는 것이 큰 보람이라고 말합니다.

▲ 언제나 든든한 울타리가 되어 준 가족과 함께.

▲ 할아버지의 가장 큰 바람은, 어린이들이 거미를 아끼고 좋아하는 마음을 갖는 것입니다.

◀ 할아버지는 45년 동안 연구한 자료들을 모아 2002년 봄에 《한국의 거미》라는 도감을 완성했습니다. 지금은 그 동안 수집한 거미 자료들을 국립 중앙 과학관에 기증하기 위해 자료를 정리하느라 바쁜 생활을 보내고 있습니다.

우리인물이야기 10

거미 박사 남궁준 _
거미 얘기는 해도해도 끝이 없어

2002년 7월 25일 처음 펴냄
2021년 3월 5일 2판 12쇄 펴냄

지은이 • 김순한
그린이 • 이민선
펴낸이 • 신명철
펴낸곳 • (주)우리교육
등록 • 제313-2001-52호
주소 • 03993 서울시 마포구 월드컵북로 6길 46
전화 • 02-3142-6770
팩스 • 02-3142-6772
홈페이지 • www.uriedu.co.kr
제조국명 • 대한민국
사용연령 • 12세 이상
주의사항 • 종이에 베이거나 긁히지 않도록 조심하세요.
　　　　　책 모서리가 날카로우니 던지거나 떨어뜨리지 마세요.

· 잘못된 책은 구입하신 서점에서 바꾸어 드립니다.
· 이 책의 내용을 쓰려면 반드시 저작권자와 (주)우리교육에 서면 허락을 받아야 합니다.
· 책값은 뒤표지에 있습니다.

ⓒ 김순한, 이민선, 2002
ISBN 978-89-8040-733-0 74810

이 책의 국립중앙도서관 출판시도서목록(CIP)은 e-CIP 홈페이지(http://www.nl.go.kr/cip.php)에서 이용할 수 있습니다.
(CIP제어번호 : CIP2006002329)

거미 박사
남궁준

거미 얘기는
해도해도
끝이 없어

김순한 지음 | 이민선 그림

우리교육

이 책을 읽는 어린이에게

지난해 이맘때쯤일 거예요. 이 책의 주인공인 남궁준 할아버지와 동굴 탐사를 가게 되었어요. 이 책에 이야기를 쓰고, 그림을 그리고, 책을 꾸밀 사람들은 할아버지가 평생 동안 어떤 곳을 헤매며, 무얼 찾고, 관찰하며, 고민했는지 조금이라도 가까이에서 느껴 보고 싶었답니다. 그런 우리를 위해 할아버지는 일부러 시간을 내주셨지요.

우리는 강원도 영월군 주천면에 자리한 무릉동굴에 닿았습니다. 일반 사람들은 갈 수 없는 동굴이었지요. 동굴 앞에서 할아버지는 옷을 갈아입었습니다. 안전모를 쓰고, 무릎 보호대를 차고, 등산화를 신으셨지요. 우리는 희미한 손전등과 헤드 램

프에만 의지한 채, 커다랗게 입을 벌리고 있는 깜깜한 동굴 안으로 들어갔답니다.

 동굴 앞 쪽은 사람 키만 했는데, 안으로 들어서서 몇 발자국 내딛자 머리를 낮추고 몸을 웅크리지 않으면 지나갈 수 없을 정도로 갑자기 좁아졌습니다. 쭈그려 앉은 자세로 조심조심 발걸음을 옮기며 할아버지 말씀에 귀 기울였지요.

 "아, 여기 꼬리치레도롱뇽이 있군. 노래기와 왕지네 좀 보라구. 여기 이게 바로 농발거미야. 이건 반도굴아기거미지."

 동굴에 사는 생물을 하나하나 발견해 가는 할아버지는 푸르른 청년처럼 보였습니다.

동굴 속 25미터쯤 다다랐을까요? 할아버지께서 '어둠 체험'을 해 보자고 하셨어요. "하나 둘 셋!" 소리에 맞추어 우리는 손전등과 헤드 램프를 모두 껐습니다. 아아! 이걸 바로 칠흑 같은 세계라고 하나요? 내 눈 바로 앞에 내 손가락을 갖다 대도 아무것도 보이지 않았어요. 자연과 하나가 되는 순간이었지요. 뭔가 마음속에서 찡한 것이 울리더군요.

우리는 밤늦게야 동굴 탐사를 마쳤습니다. 다음 날 아침 아홉 시, 나는 할아버지께 안부 전화를 드렸습니다. 할아버지는 시계추처럼 정확하게 연구실에 나와 계셨습니다. 힘이 드셔서 집에서 쉬시지 않을까 싶었는데 말이지요. 할아버지는 이런 분이

랍니다.

 그럼, 이제부터는 남궁준 할아버지의 이야기를 직접 들어 볼까요? 평생 동안 거미에 빠져 거미를 쫓아다닌 이야기를요. 외롭지만 올곧게 사신 할아버지의 거미 이야기를 다 듣고 나면 여러분도 나처럼 할아버지를 따르고 좋아하게 될 것 같군요.

— 까치엄마 김순한 씀

차례

이 책을 읽는 어린이에게 • 10

와! 여우다 • 16
내가 좋아하는 건 바둑과 장기 • 28
운동도, 말도 잘 못하지만 • 35
헌책방에서 만난 거미 • 43
비로소 제대로 시작한 거미 공부 • 51
동굴 속에도 거미가 살아 • 62
화석 곤충, 갈르와벌레 • 69
휴! 살았구나 살았어 • 78
거미가 무섭다고? • 85
착한 선생이란 소리는 들었지 • 90
자다 눈을 떠도 거미가 보여 • 96
거미 얘기는 해도해도 끝이 없지 • 103
고집, 고집, 똥고집 • 112
내게 바람이 있다면 • 120

재미있고 신기한 거미의 세계 • 126

 와! 여우다

팔랑팔랑 나풀나풀 들판을 날아다니는 나비 한 마리가 그만 거미줄에 걸렸어. 호랑거미가 친 크고 둥근 거미 그물에 말이야. 가느다란 줄에 나비가 휘감겼지. 도망가려고 발버둥 칠수록 끈적끈적한 줄이 나비 몸에 더 달라붙었어. 나비가 날개를 나풀나풀 움직일 때마다 거미 그물이 출렁출렁 심하게 흔들렸지.

그때 거미 그물 한가운데에서 꼼짝 않고 있던 호랑거미

가 몸을 나비 쪽으로 잽싸게 돌렸어. 줄이 흔들리니까 먹이가 걸린 걸 알아챈 거야. 거미는 흔들리는 줄을 타고 서서히 먹이에게로 다가갔지. 그러고는 꽁무니를 쳐들고 수백 가닥의 튼튼한 실을 쫙쫙 뿜어 내는 거야. 그러더니 먹이를 순식간에 꽁꽁 묶어 버렸어. 나비는 마치 미라처럼 되어 버렸지. 거미는 먹이를 매달고 있던 줄을 자르고, 입으로 먹이를 물어 거미줄 한가운데로 옮겼단다.

이제 거미의 식사가 시작되겠지?

허허허, 애들아! 거미 얘기를 해 주니까 너희들 눈망울이 초롱초롱해지는구나. 어서 내 이야기가 듣고 싶다고? 글쎄, 무슨 얘기부터 들려주어야 할지 모르겠다. 이 할아버지는 한평생을 그냥 평범하게 살아 왔는데……. 남과 좀 다른 점이 있다면 40년 넘게 땀을 뻘뻘 흘리며 거미를 쫓아다녔다는 거지. 그래그래, 어디 한번 이야기보따리를 풀어 보마.

먼저 내 이름부터 알려 줄까? 남궁준이라고 해. 성은 '남궁'이고, 이름이 '준'이야. 주위에서 흔하게 보는 성씨는

아니지? 이름도 너희처럼 두 글자가 아니고 한 글자란다. 그래서 그런지 오랫동안 알고 지내던 사람도 내 이름과 성을 헷갈려할 때가 많아. 나를 보고 "남 선생님, 남 선생님!" 하고 부르지 뭐야? 성이 '남'이고, 이름이 '궁준'이라고 생각한 거였겠지. 그러면 속으로 껄껄껄 웃음이 나와. '그게 아닌데……' 하고 말이야.

　이 할아비의 고향은 강원도 홍천이란다. 지금은 너무나 오랜 세월이 흘러서 내가 태어난 집이 어딘지조차 찾아볼 수가 없지. 그래도 우리 집 둘레에 자두나무가 울타리처럼 빙 둘러서 있던 기억은 또렷하구나.
　자두라는 이름만 들어도 입 안에 침이 고이지 않니? 노랗고 빨갛게 익은 자두를 따서 한입 가득 베어 물면 새콤

달콤한 맛이 그만이었지. 내가 어릴 때야 지금처럼 맛있는 간식이 어디 있었니? 산에 나는 산딸기나 머루, 하얀 우산 쓰고 불쑥불쑥 고개를 내미는 송이버섯처럼 철따라 산과 들에서 나는 것들이 더할 나위 없는 군것질거리였지.

학교 생활은 어땠냐고?

허허, 나는 학교에 들어가기 전에 서당을 다녔단다. 동네 아이들과 하늘 천 따 지 하면서 천자문을 익히고 한문 공부를 했지. 요즘에야 흔하디흔한 게 종이지만, 그 시절엔 종이가 귀했단다. 그래서 '필판'이라는 걸 만들어서 거기에다가 글씨 연습을 했지. 널빤지를 반들반들하게 만들어서 그 위에 붓으로 글씨를 썼다가 지우고, 또 썼다가 지우고 그랬지.

연필이 없었느냐고? 하하하, 글씨 쓰고 읽는 걸 워낙 좋아해서 학교에 들어가기 전에 글을 깨치고 책도 읽었다만, 내가 너희만 할 땐 연필 구경도 못 했구나.

열 살 되던 해, 보통학교 그러니까 너희가 다니는 초등학교에 들어갔어. 학교는 우리 집에서 시오 리나 떨어진 곳에 있었지. 십 리가 사 킬로미터이고 거기에다 오 리를 더한 거리니까 꽤 먼 곳이었어. 어느 정도 먼 거리냐 하면 걸어서 자그마치 한 시간 반이나 걸렸단다. 요즘 너희는 자동차나 지하철을 타고 다니니까 십 분만 걸어도 다리가 아프고 힘이 든다고 할 게다. 아마 한 시간 반을 걸어서 학교에 가라고 하면 학교 안 가겠다며 울고불고 떼를 쓰겠지. 안 그러냐?

그래, 내가 어렸을 때는 자동차나 지하철 같은 탈 것이 흔한 시절이 아니어서 그렇게 먼 거리를 힘든 줄도 모르고 걸어 다녔지. 보자기에 책을 싸서 허리춤에 둘러메고 신이 나서 말이야.

그 시절에는 같은 학년에 다니는 동급생끼리도 나이 차이가 무척 많이 났단다. 시집갈 나이가 다 된 여학생도 있었고, 얼굴에 시커멓게 수염이 난 남학생도 있었으니까. 그렇게 들쭉날쭉 나이 차이가 나는 학생들이 같은 교실에서 머리를 맞대고 공부했단다. 상상만 해도 교실 풍경이 재미나지 않니? 나는 지금도 그렇지만 어렸을 때에도 몸집이 작고 조용한 편이었어. 그런 소심한 아이가 키도 크고 덩치도 큰 나이 많은 학생들 틈에 섞여 지냈지.

보통학교 2학년 때였던가. 하루는 학교에서 행사가 있는 날이었어. 무슨 행사인고 하니 일본 천황 생일이라고 학교에서 기념식을 하는 날이었지. 지금으로 치자면 삼일절, 광복절 같은 국경일인 셈이었지. 너희도 알겠지만 그 시절은 우리 나라가 일본에 나라를 빼앗겨 아픔을 겪던 아주 서글픈 때였단다.

'다른 나라 임금 생일이 우리 민족에게 국경일이라니……'

지금 생각하면 참으로 갑갑한 시절이었지.

여느 날과 마찬가지로 그날 아침도 삼삼오오 동네 친구들과 어울려 학교에 가고 있었어. 고개를 넘고 강을 건너 소나무 숲을 지나고 있는데, 글쎄 여우 한 마리가 나타났지 뭐야?

"쉿! 저기 여우가 나타났어."

"애들아, 우리 여우 쫓아가자!"

우리는 누가 먼저랄 것도 없이 긴 꼬리를 축 늘어뜨린 여우를 살금살금 따라가기로 했어.

요즘에는 야생 여우를 눈을 씻고 찾아보려 해도 찾아볼 수 없지만, 한 6, 70년 전까지만 해도 여우란 녀석은 우리나라 산에서 쉽게 볼 수 있는 동물이었단다. 깊은 산보다는 들판 가까이에 있는 나지막한 산에서 많이 살았으니까, 시골에서 여우를 만나는 일은 흔한 일이었지. 암, 그렇고말고.

"와아아!"

하고 소리치며 여럿이 여우를 쫓아가면 감쪽같이 사라졌다가 둘레둘레 살펴보면 슬그머니 또 나타나고, 다시 우르르 쫓아가면 숨었다가 다시 나타나고.

우리는 여우와 숨바꼭질을 하느라 시간이 가는 줄도 까맣게 잊었단다. 그렇게 한나절을 보냈을까? 가만히 생각해 보니 학교에서 행사가 다 끝났을 것 같더라고. 우리는 할 수 없이 털레털레 집으로 돌아왔지.

다음 날이 되었어. 기념식에 빠졌으니 걱정이 좀 되더구

나. 학교에 갔더니 아니나 다를까, 선생님이 불같이 화를 내며,
"어제 기념식에 안 나온 놈들, 모두 앞으로 나와!"
하고 호통을 치셨어.
여우를 쫓던 동네 친구들 일고여덟이 앞으로 쪼르르 나가 무릎을 꿇고 앉았어. 선생님은,
"왜 기념식에 안 나왔는지 말을 해 보거라."
하시며 한 사람 한 사람을 가리켰지.
"배가 갑자기 아파서 뒷간에 왔다 갔다 하느라 못 왔는데요."

"어머니가 어딜 가셔서 집을 보느라 못 왔어요."

"농사일을 거드느라 올 수가 없었어요."

모두들 그럴듯하게 둘러댔지. 마침내 내 차례가 되었어. 가슴이 콩당콩당 방망이질을 해 대더구나.

"학교엘 오다가 여우를 쫓게 되었어요. 놀다 보니 시간이 너무 지나서 기념식이 다 끝났을 것 같기에 그냥 집으로 돌아갔습니다."

나는 거짓말을 못 하는 성격이라 사실 그대로 얘기하고 말았지. 그러자 선생님께서,

"준이는 들어가거라. 나머지 녀석들은 거짓말을 했으니까 벌을 받아야 된다!"

하시는 게 아니겠어? 나만 쭈뼛쭈뼛 자리에 들어오고, 나머지 친구들은 혼쭐나게 매를 맞고 말았지.

학교가 끝나자, 다른 친구들이 얼굴을 붉으락푸르락하며 나에게 다가왔어.

"야! 너만 말을 잘 했더라면 한 번 맞을 걸, 네가 정직하게 말해서 두 번 맞았잖아."

하며 화를 내더구나. 그러면서 아이들이,

"준이, 너는 조그만 녀석이니까 어디 때릴 데도 없고, 너희 집에서 자두나 한 소쿠리 따 와라. 그러면 용서해 주겠다."

그러더구나. 그래서 맛난 자두를 잔뜩 따다가 화가 난 친구들을 달래 주었지.

허허허, 나는 그래. 예나 지금이나 거짓말은 못 해. 거짓말을 한번 하기 시작하면 또 거짓말을 하게 되고, 그러면 더 큰 거짓말을 낳게 되겠지. 그걸 어떻게 견딜 수 있겠니?

지금 생각하면 여우를 쫓다 일본 천황 생일 기념식에 가지 않은 게 오히려 잘한 일이라는 생각이 드는구나. 조선 사람으로서 조선을 빼앗은 일본 천황이 태어난 날을 기념한다는 게 기막힌 노릇 아니겠니?

내가 좋아하는 건 바둑과 장기

　요즘 너희가 하는 놀이 가운데 어떤 놀이가 가장 재미있니? 컴퓨터 게임이라고? 퀵 보드나 인라인 스케이트를 타는 거라고? 어, 만화영화 보는 거라고? 그래그래, 그럴 수 있겠구나.

　자, 이번에는 내가 너희만 할 때 무얼 하며 놀았는지 알려 주마. 동네 친구들과 어울려 제기도 차고, 연날리기도 하고, 자치기도 했지. 요즘에야 이런 걸 갖고 노는 아이들이 거의 없으니 자치기가 뭔지도 모르겠구나. 자치기는 긴 나무 막대기로 짤막한 나무토막을 쳐 날리는 놀이란다. 나무토막을 가장 멀리 튕겨 날아가게 한 사람이 이기는 거지. 힘껏 내리친 나무토막이 휙 하고 날아가 다른 아이들보다 멀리 날아가면 기분이 아주 그만이었지.

하지만 이렇게 집 밖에서 여럿이 어울리며 몸을 움직이는 놀이보다 내가 더 좋아하는 놀이는 바둑과 장기였단다. 다른 친구들한테 큰소리도 못 치고, 주먹질도 못 하는 내게 집 안에 가만히 앉아서 하는 장기는 딱 알맞은 놀이였지. 바둑 책도 여러 권 구해서 읽어 보고 그랬어. 바둑을 얼마나 좋아했는지 뉘엿뉘엿 해가 져서 잠자리에 누우면 천장에 바둑판이 쫙 깔리는 거 있지? 그러면 머릿속으로 차근차근 바둑알을 움직이며 바둑을 두는 거야. 얼마나 재미있었다고. 허허허, 잠이 안 올 때는 이불 속에서 바둑을 두며 단잠을 청하기도 하고 그랬단다.

장기도 바둑 못지않게 좋아했지. 장기판과 장기짝을 직접 만들기도 했어. 내가 만들었다는 게 믿기지 않는 모양이로구나. 내가 신고 다니는 짚신도 내가 만들었는걸. 비록 어린아이들이었지만 그 시절엔 손수 놀잇감을 뚝딱뚝딱 만들어서 놀고 그랬지.

장기짝은 어떻게 만드느냐고?

나무를 살펴보면 옹이라는 게 있는데, 소나무 옹이 안에는 송진이 굳어 있단다. 이 송진을 다듬어서 장기짝을 만드는 거란다. 어, 그런데 '옹이'가 뭔지 모르겠다고? 음, 옹이를 한 번도 본 적이 없는 게로구나. 왜, 그 나무줄기에서 나뭇가지가 갈라지는 부분을 보면 나뭇가지보다 두껍지 않니? 이렇게 나뭇가지가 갈라지는 두꺼운 부분을 옹이라고 한단다. 이제 알겠느냐? 그래도 잘 모르겠으면 얼른 밖으로 나가서 나무를 자세히 보려무나.

어서 아까 하던 얘기 더 하라고? 허 녀석들, 급하긴. 그래, 알았다.

하루는 장기짝을 만들려고 산엘 갔어. 그것도 혼자서 말이다. 소나무가 빽빽이 들어선 소나무 숲을 찾아갔지. 나는 새 장기판과 장기짝을 만든다는 생각에 신바람이 났어.

높이 치솟은 나무 위를 다람쥐처럼 쪼르르 올라가 큰 가지에 털썩 걸터앉았지. 그러고는 허리춤에 꽂은 낫을 뽑아 힘껏 내리쳤단다. 그런데 소나무 옹이를 자른다는 게 그만 내 손가락을 잘라 버렸지 뭐니? 왼손잡이도 아닌데 왼손으로 낫을 휘두르는 바람에 오른손 둘째 손가락 끝을 베이고 만 거야.

"아이구, 어머니! 내 손가락……."

어찌나 아픈지 나도 모르게 눈물이 쏟아져 내리는데 눈앞이 흐릴 정도였어. 피가 철철 나는 손가락을 감싸 쥐고 나무에서 내려왔단다. 엉엉엉 울면서 한달음에 집으로 달려갔지. 마당에 계시던 어머니는 화들짝 놀라며 얼굴이 노래지셨어.

"준아, 준아, 무슨 일이냐? 어디서 이렇게 다쳤어?"

"낫으로 소, 손가락을 베었어요. 흑흑흑."

어머니께서는 서둘러 성냥불을 켜는 황을 가져와서 피를 멎게 하고 손가락을 하얀 천으로 꽁꽁 동여맸단다.

병원에는 가지 않았느냐고?

애들아, 그 시절 그 시골에 약국이며 병원이며 어디 있었겠니? 지금 같으면 응급실로 달려가서 수술을 했을지도 모르지만, 그때는 웬만한 건 집안 어른들이 알고 있는 방법으로 집에서 고쳤지. 어머니의 극진한 정성 덕분인지 다행히 상처가 잘 아물었단다. 지금 그렇게 하면 큰일 나겠지만 말이야. 혹시나 파상풍에 걸릴지도 모를 일이구나.

그토록 좋아하는 장기 때문에 손가락 끝이 잘려 나갔으니, 다시는 장기를 두지 않았을 거라고 짐작하는 친구들이 있을지도 모르겠다. 허허허, 웬걸? 손가락 상처가 아문 다음, 배나무로 장기판과 장기짝을 만들었지. 소나무로 만드는 게 좀 꺼림칙했거든.

지금도 내 오른손 둘째 손가락을 보면 어린 시절 그때 그 일이 희미하게 떠오르는구나. 시간 가는 줄 모르고 장기판이며 바둑판을 만들던 일 말이다. 손가락 끝이 잘려 나간 탓에 손톱이 구부러지게 자라서 보기가 흉하지만 말이야. 그래도 글씨 쓰고 밥 먹는 데 큰 어려움이 없으니 참으로 고마운 일이지? 암, 고맙고말고.

옛 어른들 말씀이 '아이들은 아프고 다치면서 큰다.'고 하셨던가? 그래도 얘들아, 언제나 제 몸을 아끼고 조심해야 하느니라.

그런데 너희 눈치를 보니, 내가 어렸을 적부터 거미를 좋아하고, 거미에 대해 공부하고 그랬는지 궁금한 것 같구나. 너희가 웃겠지만, 어린 시절에 나는 거미에 대해서는 관심조차 없었단다. 사실은 담벼락이며 방구석에서 제멋대로 기어 다니는 '털벌레'가 거미인 줄도 모르고 자랐지. 정말 그랬단다.

조금 이따가 이야기를 해 주겠다마는 내가 거미와 인연을 맺게 된 건 어른이 되고 나서였지. 그것도 마흔 살 가까이 되어서였어. 어찌 보면 무언가 새로 시작하기에 한참이나 늦은 나이라고 여길지도 모르겠구나. 하지만 나는 그때서야 내가 하고 싶은 일, 꼭 해야만 할 일을 찾은 거지.

아무튼 자기가 좋아하는 일, 하고 싶은 일을 어릴 때부터 깨닫는 사람도 있겠지만 나는 뒤늦게 깨달았단다. 그러니 너희도 너무 조바심 내지 말고 살았으면 싶구나.

운동도, 말도 잘 못하지만

　나는 강원도 홍천에서 태어나 보통학교*지금의 초등학교 3학년 때까지 여기서 살았단다. 홍천에서는 어머니 혼자 우리 형제들을 돌보며 할아버지, 할머니와 함께 농사를 지으셨지. 아버지께서는 한의사가 되기 위해 평양으로 공부를 하러 떠나셨거든. 우리 식구들은 한 사오 년 동안 아버지와 떨어져서 지내야 했어.

　어머니는 아버지가 없는 동안, 농사일하랴 집안 돌보랴

우리 네 남매를 키우랴 참 고생이 많으셨지. 논일하다 말고 집에 와서 아이 젖 먹이고, 밭일하다 말고 집에 와서 살림하고 그러셨단다. 그런 가운데서도 큰 탈 안 나고 아이들이 대나무처럼 쑥쑥 자라나는 게 고마울 따름이었다고 가끔 우리 어머니는 말씀하시기도 했지.

아버지께서 평양에서 돌아오시고 나서 우리 식구는 정든 홍천 땅을 떠나 양평으로 집을 옮겼단다. 양평에서 보통학교를 다닐 때는 복식 수업을 했어. 한 교실에서 두 학년이 함께 공부하는 것 말이야. 5, 6학년이 모여 있으면, 선생님은 5학년 아이들한테 5학년 수업을 하다가 5학년 아이들이 자습을 하는 동안, 6학년 아이들한테 6학년 걸 가르치는 거였지.

나는 선생님께 배우고 아이들과 함께 공부하는 걸 좋아했단다. 학교 성적도 좋은 편이었지. 하지만 못하는 과목이 있었어. 바로 음악과 체육이야. 음악 시간이 되어 둘씩 짝을 지어 노래를 부르게 하면, 입만 벙긋벙긋하고 소리는 내지 않았단다. 운동도 잘 못해서 운동회 날이면 시상식 시간에 상 탄 아이들한테 상품 골라 주는 일을 맡아 하기도 했단다.

양평에 살 때, 우리 집 가까이에는 반짝반짝 강물이 흐르고, 강 건너편에는 '수종사'라는 절이 있었단다. 나는 동네 친구들과 강물에 곧잘 뛰어들어 첨벙첨벙 물장난도 치고 미역도 감고 그랬단다.

"야, 준아! 우리 저기 강 건너까지 누가 빨리 가나 시합할까?"

"그래, 좋아. 준비! 땅!"

운동을 못하는 나였지만, 헤엄은 칠 줄 알았지. 하지만 나는 얼굴을 물속에 넣는 게 참 싫었단다. 그래서 강 건너까지 헤엄쳐 갈 때는 머리 위에다가 벗은 윗옷을 얹어 놓고, 물속에서 팔을 조금씩 휘저으며 발로 열심히 헤엄을 쳤지. 개헤엄이라고나 할까?

"준아, 왜 머리를 물에 안 넣고 헤엄치니? 그러면 훨씬 더 빨리 헤엄칠 수 있는데."

아이들은 그런 내가 우습다고 놀려 댔지.

나는 팔을 크게 휘두르는 것도 싫어했단다. 그야말로 물에 둥둥 뜬 오리가 물 밑에선 정신없이 발을 놀리는 것처럼, 다리만 움직여서 강을 건넜지. 헤엄치는 모양새만 보더라도 이 할아버지는 참 소극적인 성격이었던 것 같구나. 그렇지 않니?

아참, 그 시절 우리를 가르치던 일본 선생님 생각이 갑자기 나는구나. 그 선생님은 학생들에게 공부를 가르칠 뿐 아니라 고장의 향토사를 연구했단다. 이곳저곳을 돌아다니며 틈나는 대로 문화재도 조사하고, 어떤 식물이 나는지 알아보고 다니셨지. 선생님은 내가 글씨도 잘 쓰고 그림도 곧잘 그린다고 심부름을 많이 시키셨어. 함께 다니며 식물도 조사하고, 관찰한 것을 그림으로 그리고 그랬지. 일본 선생님한테 배우는 일이 마냥 즐거운 일만은 아니었지만, 나는 그 선생님 집에서 책도 빌려 보기도 했단다. 책을 내려고 발로 뛰어다니며 향토사 연구를 하는 선생님 모습을 부러워했으니까.

너희는 꿈이 뭐냐? 음, 생각이 많은 모양이로구나. 어렸을 때 꿈이 무엇이었는지 말하라고 하면 사실 나는 별로 할 말이 없단다. 큰 뜻을 품은 적도 없고, 평범하게 지냈으니까 말이다. 나를 귀여워해 주시던 일본 선생님은 가끔 이런 말씀을 하셨단다.

"준이가 몸이 튼튼하면 군인이 되면 좋을 텐데……. 말을 잘한다면 변호사가 될 성싶기도 하고……."
하고 말이야.

하지만 나는 몸도 튼튼하지 못하고 말도 잘하지 못하니까 그렇게 되기는 힘들겠다 싶었지. 그렇다고 정치가나 사업가는 되고 싶지 않았어. 그 시절에 정치나 사업을 하자면 '일본 앞잡이 노릇밖에 더 할 수 있겠나.' 하는 생각이 들었지. 그럴 바에는 차라리 '이 다음에 크면 관리가 되어야지.' 하는 마음이었어. 직업이 지금처럼 다양한 때도 아니었으니까 조그만 머릿속에서 나오는 생각이 그뿐 아니었겠니?

보통학교를 마치고 우리 식구는 서울로 이사를 했단다.

아버지께서는 몇 년 앞서 서울로 가시고, 할아버지와 할머니께서 돌아가신 다음 어머니와 우리 네 남매는 서울로 집을 옮겼지.

서울에서 중학교에 들어갔어. 지금은 중학교 3년, 고등학교 3년으로 나뉘어 있지만 그때는 중학교, 고등학교 과정을 한데 합쳐서 5년 동안 다녔단다. 중학교 시절에도 조용하고 평범한 내 성격대로 그렇게 보냈지.

하지만 막상 졸업할 무렵이 되자 앞으로 무엇을 할지 깜깜했단다. 고민 끝에 관리가 되려고 끙끙대며 시험 준비를 했구나. 면 서기나 군수가 되려면 시험에 합격해야 했거든. 하지만 결국 그것도 뜻대로 되지 않았어. 그만 병이 나서 시험을 포기하고 말았으니까.

그렇게 중학교를 마치고 우리 나라가 일본에게서 해방되기 전에 결혼을 했어. 물론 신부 얼굴 한 번 못 보고 말이야. 너희 눈이 휘둥그레지는구나. 그래, 놀랄 만도 하지. 지금이야 서로 좋아하는 사람끼리 만나서 연애도 하고 결혼하고 그러지만, 할아버지가 젊었을 적에는 양가 부모님들이 정해 준 사람과 배필이 되었거든.

   1945년, 마침내 빼앗긴 나라를 되찾았지. 참으로 감격스러운 순간이었단다. 하지만 해방의 기쁨도 잠시, 5년 뒤인 1950년에는 한국전쟁이 터져서 같은 민족끼리 총부리를 겨누는 슬픈 일이 일어났단다. 남과 북이 온통 쑥대밭이 되어 버렸지. 쯧쯧, 그러고 보니 이 할아버지는 참으로 나라가 어려운 시절에 태어나서 자라고 그랬구나. 그나마 전쟁 통에 식구 하나 잃지 않고 온전히 목숨을 보존한 것이 다행스럽고 감사한 일로 느껴진다만.

헌책방에서 만난 거미

　전쟁이 끝나고 나서 나는 선생이 되었단다. 충청도에서 중학교 수학 선생 노릇을 시작했지. '수학'이라니까 머리가 지끈지끈 아픈가 보구나. 허허허! 수학도 재미있는 과목인데…….

　한국전쟁이 터지기 직전에 서울에서 야간 학교 선생을 잠깐 한 적이 있었거든. 근데 그게 경력이 되었는지, 그곳 어느 학교에 수학 선생 자리가 났으니 사람들이 가 보라고 그러더구나. 그래서 며칠 밤을 꼬박 고민한 끝에 마음을 먹고, 식구들과 충청북도 충주로 가서 자리를 잡았지. 충청도는 우리 집사람 고향이거든. 충청북도 충주에 있는 주덕 중학교는 내가 학생들을 처음 만난 학교란다.

학생들과 더불어 지내던 어느 날이었던가. 하루는 교장 선생님이 우리 학교 물리 선생한테 전국 과학 전람회 준비를 하라고 하더구나. 요즘도 선생님들과 학생들이 주제를 정해 조사한 것을 발표하잖니? 잘한 사람들한테는 상도 주고 말이야. 너희도 알고 있지? 나는 수학 과목 담당이지만 물리 선생을 돕게 되었어.

우리 두 사람은 머리를 맞대고 무얼 해 볼까 고민고민 하다가 곤충 표본을 만들기로 했어. 나비, 메뚜기, 잠자리 같은 여러 가지 곤충을 잔뜩 잡아다가 몸통에 핀을 꽂고 표본을 만들어서 출품했단다.

하지만 심사 대상조차 될 수 없다고 연락이 와서 망신만 잔뜩 당하고 말았지. 지금 생각하면 어린 학생들도 그 정도는 해 낼 수 있을 것 같구나.

이듬해 나는 음성에 있는 무극 중학교로 전근을 가게 되었지. 이번에도 과학 전람회 출품에 관한 공문이 오자 교장 선생님이 나보고 준비를 해 보라고 하더구나. 그래서 이번에는 좀 제대로 해 보려고 자료를 뒤적거리다가 목질 표본을 만들기로 했단다. 목질이란 나무줄기 안에 있는 단단한 부분을 일컫는 말이지. 그걸로 나무마다 쓰임새가 어떻게 다른지를 알아보려고 했어.

시간이 날 때마다 나무를 자르고, 사포로 열심히 문질러서 표본을 하나 둘 만들기 시작했지. 학교가 끝나면 학생들도 신이 나서 나를 도와주었단다. 시골 학교라, 산에 가서 나무하는 일이야 식은 죽 먹기였으니까. 한데 갑자기 이런 생각이 들더구나.

'이렇게 대충 해도 될까? 아니지, 이번엔 제대로 해 보자. 우선, 나무에 대해 잘 아는 전문가를 만나 봐야겠다.' 하고 말이다. 소심한 성격이었지만 난 용기를 냈단다. 내 몸집만큼 커다란 배낭에 목질 표본을 꾸역꾸역 집어넣고 서울로 올라갔지.

가장 먼저 찾아간 사람은 서울대학교 사범대학에 계시는 최기철 선생이었어. 나무 표본을 들고 물고기 박사님을 왜 찾아갔느냐고? 너희도 고개를 갸우뚱거리는구나. 그래그래, 생선 가게에 가서 나물을 찾는 셈이었지. 실은 최기철 선생이 식물을 공부한 줄 알고 있었거든. 부끄럽지만 그만큼 정보에 어두웠다는 얘기지. 물어물어 학교엘 갔어. 직원은 나를 쳐다보며,

"최기철 선생께서는 미국 출장 가고 안 계십니다."

그러더구나. 갑자기 앞이 캄캄해졌어. 기껏 어려운 걸음을 했는데 말이야. 그래서 다른 분을 소개해 달라고 그랬지. 이번에는 식물학자 김준민 선생을 소개받아 직접 만나게 되었어.

"남궁 선생, 나는 식물을 연구하지만 이것은 내 분야가 아닙니다."

그러더군. 대신 그때 국립 도서관장으로 있던 박만규 선생을 소개해 주었단다.

"허허허, 정말 잘 오셨어요. 제대로 된 교육을 하고 계시

군요."

 선생께선 생전 얼굴 한 번 본 적 없는 낯선 시골 학교 선생을 참으로 반갑게 맞아 주셨어. 박만규 선생은 표본으로 만든 나무의 학명*동식물에 붙이는 세계 공통의 라틴어 이름을 찾아봐야 한다고 일러 주시더구나. 찾아볼 만한 여러 가지 책도 소개해 주었지.

 나는 마음이 솜털처럼 가벼워져서 배낭이 무거운 것도 잊은 채 부리나케 음성으로 내려왔단다. 박만규 선생의 도움을 받아, 자료를 정리해서 출품을 했는데 글쎄, 쑥스럽게도 장려상을 받게 되었어. 그랬더니 충청북도가 떠들썩하게 되었지 뭐야?

 생각해 보려무나. 시골 한구석에 있는 자그마한 중학교 선생이 서울에 가서 상을 타 왔으니 그 시절엔 큰일이었지. 큰일이었고말고. 겉으로 내색은 못 했지만 나도 참 기뻤단다.

 그런데 이듬해가 되자, 교장 선생님이 나더러 또 출품을 하라고 그러는 거야. 허허허, 과학 전람회 단골 선생이 된

것 같더구나.

'그래, 이왕 참가할 바에야 남이 안 한 걸 해 봐야겠다.'

나는 틈을 내어 서울로 올라와서 청계천에 다닥다닥 늘어선 헌책방을 이 잡듯이 뒤지고 다녔지. 작은 책 한 권이 눈에 확 띄더구나. 곤충에 관한 책이었는데, 거미 얘기가 나왔더라고. 우리 나라에는 거미를 연구하는 사람이 아무도 없다고 말이야. 그때 번개처럼 내 머리를 스치는 것이 있었어.

'아! 시골에 흔하디흔한 게 거미인데……. 방 안에도 있고, 뒷간에도 있고, 산과 들 어디를 가나 볼 수 있는 게 거미인데……. 거미를 연구해야겠구나. 남이 이미 다 한 걸 따라가려면 쉽지 않은 일이겠지. 시골

에선 뒷받침하기도 힘들고 말이야. 남이 안 하는 걸 해 보자. 그래, 거미다, 거미야!'

  나는 탄광에서 금을 캔 사람처럼 기뻤단다. 온통 거미 생각으로 가슴이 두근거렸어. 내 나이 서른하고도 일곱 때 일이었지.

비로소 제대로 시작한 거미 공부

나는 충청북도에 사는 거미를 조사하기로 했단다. 수업이 끝난 뒤나 주말마다 거미를 찾아다녔지. 사실 그 무렵 거미에 대해 아는 거라곤 다리가 여덟 개에다가 꽁무니에서 줄을 술술 뽑아 내는 좀 징그러운 녀석이라는 점뿐이었단다.

한데 거미를 자꾸 쫓아다니다 보니 참으로 흥미롭고 신기한 동물이더구나. 거미는 거미줄을 쳐서 집을 짓고 사는

줄만 알았는데, 줄을 치지 않고 어슬렁어슬렁 돌아다니며 먹이를 잡아먹는 거미도 눈에 띄더라고.

또 칙칙하고 거무스름한 거미만 있는 줄 알았는데, 꽃에 숨어 사는 거미들은 빛깔이 꽃처럼 예쁘지 뭐야? 또 알을 낳아서 만든 알주머니를 꽁무니에 달랑달랑 매달고 돌아다니는 거미도 있었어.

아, 그리고 말이야, 거미는 독이 있어서 사람에게 해롭다고 알고 있었거든. 그런데 논밭에서 농사를 망치는 벼멸구 같은 해충을 먹는 녀석들도 많더라고. 농약으로도 없어지지 않는 해충을 말이야. 그러니 거미를 '살아 있는 농약'이라고 할 만도 하지. 그렇지 않니?

거미를 한 마리, 두 마리 채집하면서 나는 거미의 세계에 푹 빠져 들고 말았단다. 손으로도 잡고, 포충망으로도 채집한 거미를 알코올 병에 넣어 두었지. 거미 이름도 모르고 말이야. 그렇게 한 해를 보내다 보니 300여 개의 거미 표본이 만들어졌어.

이번에도 전문가를 찾아가서 도움을 받아야겠다는 생각이 들어서 박만규 선생을 또 만나러 갔지. 참고할 만한 책도 없을 때였으니 말이야. 박만규 선생은 그 당시에 고려대학교에 있는 조복성 선생을 소개해 주더구나. 조복성 선생은,

"내가 곤충을 연구했지만 거미에 대해서는 잘 모릅니다. 경북대학교에 계시는 백갑용 선생을 만나 보십시오."
하더라고.

그래서 기차를 타고 대구로 갔어.

지금이야 기차를 타면 빠른 시간에 전국 방방곡곡을 편하게 갈 수 있지만, 그때만 해도, 기차가 가다가 서고, 가다가 서고 또 뒤로 조금 갔다가 다시 앞으로 가는 일이 흔

했지. 칙칙폭폭 증기 기관차였으니 말이다. 그러다 보니 시커멓게 뿜어 대는 기차 연기 때문에 얼굴이 온통 숯검정을 바른 것처럼 되고 말았지.

백갑용 선생은 무거운 배낭을 짊어진 채, 시커먼 얼굴로 들어서는 나를 따뜻하게 맞아 주었어. 허름하고 초라한 나를 말이야.

백갑용 선생은 학생 시절, 6 · 10 만세 운동*조선의 마지막 왕인 순종의 장례식에 일어난 독립 운동. 때 만세를 부르다 퇴학을 당하고, 일본으로 건너갔어. 그리고 규슈 남쪽에 있는 미야사키 고등 농림학교에서 공부를 하며 거미 연구를 하게 되었지. 본래 곤충에 흥미가 있었는데, 일본에서 거미 연구하는 사람들을 자주 만나다 보니 거미에 관심을 갖고 거미학자가 된 거야.

나는 배낭을 풀어서 백갑용 선생께 귀한 보물을 다루듯 조심스레 거미 표본을 보여 드렸어. 300개 정도가 되었으니, 거미 300종류를 채집했다고 짐작하고 있었지.

하지만 선생께선 하나하나 훑어보더니,

"남궁 선생! 거미가 30여 종쯤 되는 것 같소. 같은 놈도

있고, 어린 놈도 많구만."

그러는 거야.

"그래요? 제 생각엔 300종쯤 되는 줄 알았는데……."

나는 조금 실망했지. 어린 거미와 다 자란 거미가 좀 달라 보이니까 다른 종류인 줄 알았거든. 그리고 같은 종류의 거미라도 유전에 관계없이 크기나 모양이 조금씩 다르

다는 중요한 사실도 깨닫게 되었어. 그러니까 같은 종류의 거미를 가능한 한 많이 수집해서 그 가운데 평균이 될 만한 녀석을 골라야 제대로 된 조사를 할 수 있는 셈이지.

백갑용 선생은 하나하나 학명을 알려 주고, 도움이 될 만한 자료를 찾아 주었어. 그렇게 준비를 차근차근 해서 1958년 정부 수립 10주년 기념 전국 과학 전람회에 출품을 했지. 결과가 궁금하니?

그래, 당시 문교부 장관상을 받게 되었단다. 학교뿐만 아니라 충청북도가 다시 한 번 발칵 뒤집혔지. 정말 뛸 듯이 기뻤어. 정말 그랬어. 상 받은 것보다 더 기뻤던 건 거미와 친구가 되어 거미에 대해 알고 싶은 탐구심이 샘솟듯 생겨난 거야.

애들아, 거미에 대해 눈이 번쩍 뜨인 나는 거미를 쫓아다니면서 마음 깊이 새겨 둔 원칙이 있단다.

첫째, 내 발로 직접 찾아다닌다.

둘째, 내 두 눈으로 확인한다.

셋째, 자료를 적당히 베끼는 것이 아니라 전문가를 찾아가서 의견을 구하고 다시 확인한다. 물론 그 시절에는 베낄 만한 책도 없었지만 말이야.

왜 이런 원칙들을 마음 깊이 간직하게 되었느냐 하면, 방 안에 틀어박혀 몇 개의 표본만으로 자료를 조사하고, 무언가를 결론 내린다는 게 참으로 위험한 태도라고 생각했기 때문이야. 더구나 생물의 종류를 조사하고, 기준에 따라 분류하는 일은 몸소 자연에서 뛰어다니며 수많은 표본을 모으는 일이 첫째라고 여겼으니까 말이다.

　백갑용 선생도 내가 상 탄 소식을 듣고 기뻐하였어. 앞으로도 쭉 거미를 연구하라고 격려도 아끼지 않았지. 그리고 일본에서 나온 책 두 권을 소개해 주더구나. 1959년과 1960년에 나온 일본 최초의 거미 도감이었어. 책을 구하려고 일본에 주문을 했는데, 책값이 쌀 두 말 값이나 되더구나. 그 시절엔 꽤 큰돈이었지. 귀한 책을 품에 안게 되니 더욱더 호기심이 생기더라. 나는 그 책이 닳도록 살펴보면서 비로소 거미 공부를 제대로 시작했단다.

　너희에게 백갑용 선생에 대해 조금 더 이야기해 주고 싶구나. 백 선생은 우리 나라의 첫 거미학자라고 할 수 있지. 한평생 거미를 연구하며 거미밖에 모르고 지내셨거든.

　"나는 거미를 보는 것이 유일한 취미요, 즐거움입니다. 거미를 보다가 그 자리에서 죽으면 한이 없겠어요."

　이런 말씀을 입버릇처럼 되뇌시기도 했어.

　지금은 구하고 싶어도 구할 수 없는 책이 되고 말았지만,

1978년 당시 문교부에서 나온《한국 동식물 도감》에 거미 편을 직접 집필하셨지. 이 책에는 우리 나라에 사는 126종의 거미를 소개하고 있는데, 우리 나라에서 처음 나온 거미 도감이라고 할 수 있단다. 선생이 일생 동안 발표한 거미가 150종 정도에 이르니까 학문적으로 뛰어난 업적을 남기신 거지.

과학전에서 상을 받고 난 뒤로는 학교에서 특활반을 맡게 되었어. 물론 생물반이었지. 나는 생물반 아이들을 데리고 한 주에 한 번씩 밖으로 나갔어. 아이들도 물고기가 물을 만난 것처럼 신나하더구나. 너희도 그렇지 않겠니? 책상머리에다 코를 박고 공부하는 것보다, 산으로 들로 뛰어다니면서 직접 보고, 느끼고, 깨닫는다는 게 얼마나 생생한 공부였을까.

주말이나 방학이면 거미를 쫓아 우리 나라 곳곳으로 발이 부르트도록 돌아다녔지. 거미가 살고 있다면 마다할 곳이 어디 있겠어?

그렇게 틈날 때마다 거미만 찾아다닌 탓에 집에서는 재

미없는 가장이 되고 말았단다. 하지만 어쩌겠니? 머릿속에는 새로운 거미를 만나고 싶다는 생각뿐인데…….

　그래도 불평 한마디 않고 묵묵히 기다려 준 우리 집사람이 고마울 따름이었지, 허허허.

동굴 속에도 거미가 살아

1958년 과학 전람회에서 상을 받은 다음에도 거미 찾는 일을 게을리 하지 않았단다. 그리고 1961년에 다시 출품을 하게 되었단다. 이번에는 소백산에 사는 거미를 조사했어. 산의 높이에 따라 살고 있는 거미 종류가 어떻게 다른지 그 수직 분포를 연구했단다. 학교를 옮겨 충주 중학교에서 근무할 때였지.

애들아, 거미에게서 빼놓을 수 없는 것이 바로 거미줄로 만든 그물 아니겠니? 거미의 배 꽁무니에는 거미줄돌기라는 게 있단다. 바로 여기에서 그물을 만드는 실이 나오지. 몸속에서 만들어진 액체 상태의 거미줄은 거미줄돌기를 통해 몸 밖으로 나오는데, 공기와 맞닿으면서 고체 상태가 된단다. 이것이 우리가 보는 거미줄이지. 실은 여러 개가 합쳐져서 줄 하나가 된단다. 거미줄은 아주 질기고 튼튼해서 웬만한 바람이 불어도 끊어지지 않지. 게다가 거미는 거미줄로 아름다운 그물을 만든단다.

나는 거미 표본과 함께 거미 그물 표본도 만들었단다. 거미 그물 표본을 만드는 데는 유리판을 썼어. 그물을 가운데 두고 양쪽에서 유리판 두 개로 살며시 누르는 거야. 그런 다음, 유리판에 검정색 종이를 붙여서 그물 모양이 뚜렷하게 보이게 하는 거였지. 무거운 유리판을 짊어지고 산을 오르내리는 일이 쉽지는 않더라만, 이렇게 표본을 만들다 보니 그물 모양이 참으로 여러 가지더구나.

둥근 그물, 접시 그물, 깔때기 그물……. 그물 모양만도 쉰 가지가 넘더라고. 뛰어난 예술가가 따로 없는 듯싶었어. 제 몸에서 실을 내뿜으며 한 올 한 올 그물을 치고 있는 거미의 모습, 아침 햇살을 받아 반짝반짝 영롱하게 빛나는 둥근 그물이 하도 신비로워 온 몸을 부르르 떨기도 했단다.

소백산에서 채집해 만든 거미 표본은 1천 개 남짓 되었지. 알코올로 만든 표본병에는 거미와 함께 채집한 날짜와 곳, 채집한 사람 그리고 채집한 거미 학명을 적은 종이를 넣어 두었단다.

그러던 어느 날, 방울방울 쏟아 낸 땀방울이 좋은 소식을 전해 주었어. 또 상을 받게 되었으니까. 당시 심사 위원장을 맡은 사람은 서울대학교에 있는 물고기 박사 최기철 선생이었어. 선생께서는 행사가 끝난 다음, 나를 가만 부르더라.

"남궁 선생, 축하합니다. 정말 수고하셨군요."
하며 칭찬을 아끼지 않았어. 몇 년 전 나무 목질 표본 때문에 만나러 갔다가 못 뵙고 말았는데, 마침내 그 자리에서 만나게 되었지 뭐니? 최기철 선생과 이런저런 이야기를 나누는데, 글쎄 내 귀가 번쩍 뜨이는 말씀을 해 주더구나.

"얼마 전에 경상북도 울진에 있는 성류굴에 갔어요. 그런데 그 깜깜한 동굴 속에도 거미가 살고 있습디다. 앞으로 동굴에 사는 거미를 연구해 보면 어떻겠소?"

하지 않겠니?

'동굴 속에 거미라……'

최기철 선생께서는 그 당시 울진 성류굴을 천연기념물로 지정하기 위한 조사에서 책임을 맡고 있었어. 스물여섯 종이나 되는 동굴 생물을 찾아냈는데, 남한 땅에서는 동굴 생물 조사의 출발이나 마찬가지였단다.

그렇게 해서 나는 뭇사람들이 꺼리는 동굴과 인연을 맺게 되었단다. 주위 사람들은 내가 동굴에 들어간다고 하니까 깜짝 놀라며 한사코 말리더구나.

"동굴 안에는 독 있는 곤충들이 득실대고 있어 위험해요!"

"화산이 폭발하고, 물이 펄펄 끓는대요."

"시커먼 박쥐들이 언제 덮칠지 모른대요."

"간첩이 숨어 있을지 모르니 총을 들고 가야 합니다."

그때만 해도 사람의 발길이 뜸할 때라 동굴이 두렵게 느껴지는 건 당연한 일이었지. 더구나 지금처럼 잘 갖추어진 동굴 탐사 장비가 있었던 것도 아니고 말이야. 하지만 그런 두려움에 주저앉을 수는 없었지.

나는 칡넝쿨 한 다발과 횃불을 들고 동굴에 들어갔어. 칡넝쿨은 어디에 쓰냐고? 길을 잃을지 몰라서 말이야. 나는 내가 지나간 길을 표시해 두려고 짤막하게 자른 칡넝쿨 위에다 돌멩이를 얹어 놓았지. 잔뜩 모아 갔는데, 칡넝쿨이 금세 동이 나더구나. 겁이 덜컥 나서 칡넝쿨 대신 종이를 찢어 동굴 벽에 붙이고 다녔단다. 허허허, 지금 돌이켜 보면 무모하기 짝이 없는 일이로구나.

한 치 앞도 내다볼 수 없는 어둠, 뚝뚝뚝 천장에서 떨어지는 물방울 소리, 어디에서 흘러나와 어디로 흘러가는지조차 알 수 없는 지하수가 나를 겁먹게 했지만 두렵기만 했던 건 아니었어. 뭔지 모를 힘에 이끌려 동굴 안을 이리저리 돌아다니며 동굴의 신비로움에 푹 빠져 들었지.

1962년, 그렇게 첫발을 내딛은 동굴은 충청북도 제천시 청풍면에 자리한 풍혈과 수혈굴이었단다. 동굴에서 바람이 불고, 물이 나온다고 해서 붙여진 이름이야. 충주댐이 세워지는 바람에 지금은 물속에 잠긴 곳이지만 말이야.

그 뒤로 나는 동굴에 사는 거미뿐만 아니라 수억 년 동안 어두컴컴한 동굴 속에서 꿋꿋이 생명을 지켜 온 동굴 생물에 관심을 갖게 되었단다.

화석 곤충, 갈르와벌레

동굴에서 무엇이 사는지 알고 있으면 어디 한번 손 좀 들어 볼래?

박쥐라고? 그래, 동굴에는 박쥐가 살지. 또 다른 건? 곰이라고? 허허, 귀여운 녀석들! 단군 신화가 생각난 모양이로구나.

사람들에게는 잘 알려져 있지 않지만 동굴에는 수많은 생명체들이 살고 있단다. 더구나 동굴 생물들은 지금은 땅 위에서 찾아볼 수 없는 수억 년, 수천만 년 전에 많이 살았다고 알려진 동물이 대부분이란다. 나도 거미를 찾아 동굴을 하나 둘씩 탐사하면서 알게 되었지만 말이야.

1964년인가, 그랬어. 충청북도 괴산군 연풍면에 있는 심복굴엘 간 적이 있었어. 나는 동굴에 들어서자마자 언제나처럼 내 작은 눈을 크게 뜨고 이곳저곳을 샅샅이 살펴보았단다. 동굴에는 동굴 천장과 바닥, 벽, 돌 밑, 흙 속, 물 속 등 곳곳에 여러 생물들이 살고 있거든. 그런데 그곳에서 나는 큰 발견을 해 냈단다. 무심코 커다란 돌멩이를 들추었는데, 아! 그 밑에 새끼손가락만 한 동굴 생물이 있지 않겠어?
"아, 갈르와벌레다!"
몸 길이가 3, 4센티미터쯤 되는 암컷 갈르와벌레였어.

갈르와벌레는 약 4억 년 전인 고생대에 많이 살았다고 알려져 있는 동물이란다. 흔히 '화석 곤충'이라고도 하지. 멀고 먼 옛날, 땅 위에서 살다가 모두 사라졌는데, 지금 동

굴 속에 살고 있는 것이 눈에 띈 거야. 때문에 갈르와벌레는 지금 지구에 살고 있는 어떤 종*생물을 분류하는 가장 기본이 되는 단위과도 닮은 점이 없단다. 그런 생물이 남아 있다니 정말 놀랍지 않니?

갈르와벌레는 어릴 때에는 몸이 젖빛이었다가 자라면서 갈색을 띤단다. 기다란 더듬이와 튼튼한 다리를 갖고 있지. 눈은 거의 없는 것과 마찬가지이고, 날개도 없단다. 그런데도 미끄러운 절벽을 잘도 기어오른단다. 배 밑에서 끈적끈적한 액체가 나오기 때문이지.

그런데 동굴에 사는 이 벌레가 도대체 왜 중요한지 궁금하다고?

갈르와벌레는 미국에서 1912년에 처음 보았고, 1924년에 일본에서, 1956년에 옛날의 소련에서, 그리고 1964년에 우리 나라에서 발견되었어. 하지만 유럽을 비롯한 다른 지역에서는 눈에 띄지 않았단다.

이건 아주 중요한 사실이지. 오랜 옛날에는 북아메리카 대륙과 동북아시아 대륙이 하나로 이어져 있었다는 주장을 뒷받침해 주니까 말이야. 그러니까 갈르와벌레를 중요하게 여길 수밖에 없지 않겠니?

하지만 한 가지 아쉬운 점이 있었단다. 내가 심복굴에서 만난 갈르와벌레가 암컷이라는 사실이지. 그게 왜 아쉬운 일이냐고? 수컷을 찾아내야 독립된 종으로 증명할 수가 있거든. 허허허, 좀 어려운 얘기로구나. 어려운 얘기지, 암.

암컷은 알을 낳는 산란관만 있지만, 수컷은 생식 기관이 잘 발달되어 있단다. 수컷의 생식 기관은 종류마다 다르게 발달하기 때문에, 생식 기관만 보고도 독립된 종을 밝혀낼 수가 있는 거란다.

나는 그 뒤로도 수컷 갈르와벌레를 찾으려고, 심복굴에만 자그마치 스물다섯 번이나 들락날락했지. 하지만 안타깝게도 지금껏 찾지를 못하고 있구나. 그래도 그 뒤로 다른 동굴을 탐사하면서 종류가 다른 갈르와벌레를 찾아내기도 했단다. 수컷이 보인 곳은 강원도 정선의 비룡동굴, 충청북도 단양의 고수동굴, 강원도 정선의 발구덕굴이야.

비룡동굴에서 본 비룡갈르와벌레는 1974년에 우리 나라에서는 처음으로 세계 동굴 학회에 보고를 했지. 그리고 발구덕굴의 작은 웅덩이에서 채집한 동대갈르와벌레는 지금까지 세계에서 발견된 갈르와벌레 가운데 가장 큰 것이었단다. 몸길이가 3.85센티미터나 되었으니까.

이 할아버지가 갈르와벌레 얘기를 늘어놓다 보니 시간 가는 줄 모르겠구나. 동굴에 사는 거미 얘기도 좀 해 주련?
우리 나라 동굴에는 100여 종의 거미가 살고 있어. 몸통이 방패 모양을 닮은 방패소경거미도 있고, 동굴 속 어둡고 으슥한 곳에 둥근 그물을 치고 사는 만주굴시내거미도 있어. 용암 동굴이나 석회 동굴의 바위틈이나 돌 밑에 사는 잔나비거미류, 굴아기거미류, 접시거미류, 가게거미류 등 특이한 것이 많지. 말꼬마거미는 동굴 속 바위 밑에다가 엉성한 그물을 치고 살아. 이 녀석은 끈끈이가 달린 실 같은 거미줄을 바닥 쪽으로 축 늘여 놓고 있다가 꼽등이나 노래기, 지네 같은 먹이가 걸리면 재빨리 끌어올려서 잡아먹지. 먹이 잡는 데는 귀신 같은 재주꾼이지?

아참, 너희에게 자랑하고 싶은 게 있어. 동굴에 다니면서 거미를 채집하는 도구를 새로 발견했단다.

기억이 가물가물하다만, 1962년인지 1963년인지 그 무렵일 거야. 충청북도 괴산군 청천면 부흥리에 있는 굴에 갔었어. 석회 동굴인데, 아주 멋진 곳이었지. 아마 지금은, 사람들이 대리석을 마구 캐내서 없어졌을 게야.

바위틈에 조그만 거미 한 마리가 숨어 있더라. 이 녀석을 잡으려고 하는데 금세 도망치더구나. 쭈그리고 앉아서 한참을 기다려도 나타나질 않는 거야. 그 이튿날 새벽에 다시 동굴엘 갔어. 준비해 간 지푸라기를 바위틈에 살그머니 들이미니까 그 녀석이 지푸라기에 묻어 나오더라고. 그 거미가 바로 입술접시거미야. 이름 참 예쁘지? 입술접시거미는 우리 나라 석회 동굴에 널리 퍼져 사는데 엉성한 접시 그물을 친단다.

나는 지푸라기로 입술접시거미를 채집한 것에서 생각을 얻어, 그 다음부터 거미를 채집하는 데 붓을 썼단다. 붓에다가 알코올을 묻혀서 쿡 하고 눌렀지. 붓털이 부드러우니

까 거미도 다치지 않고 모양 그대로 채집할 수 있었단다. 몸집이 작은 거미는 이렇게 붓을 썼지만 몸집이 큰 거미는 손이나 포충망으로 잡았단다.

　애들아, 여기에 필요한 게 무얼까 골똘히 생각하고 끈기 있게 이리저리 찾다 보면 어느 순간 방법이 번뜩 떠오르는 것 같구나. 그러니까 너희도 무언가 풀리지 않을 때 너무 쉽게 포기하지 말고 참을성을 가져 보려무나.

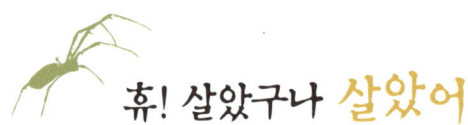# 휴! 살았구나 살았어

 강원도에서 제주도에 이르기까지 오랜 세월 동안 내가 탐사한 동굴만 해도 아마 3백 군데가 넘을 듯싶구나. 한 동굴을 수십 차례 다녀온 경우도 많았단다. 그러니까 횟수로 따지자면 손가락으로 헤아리기 힘들겠지? 정부에서 하는 동굴 조사에 참여하기도 했고, 내가 하고자 하는 연구를 위해서 동굴엘 가기도 했어.

 이 할아비가 깜깜한 동굴을 제 집 드나들듯이 했다니까

위험한 적은 없었는지 궁금한 모양이로구나. 있었지, 있었고말고! 암, 아주 큰일 날 뻔했으니까.

  동굴 안은 일 년 열두 달 내내 어둡고 습도가 높은 곳이란다. 우리가 살고 있는 땅 위 세계와는 아주 딴판이지. 동굴을 탐험하다 보면 미처 생각하지 못한 위험들이 곳곳에 숨어 있단다. 언제 머리를 내리칠지 모르는 바위, 미끄러운 언덕, 깊이를 가늠하기 어려운 호수, 무릎이 깨질 만큼 좁고 험한 통로 등 정신을 바짝 차리고 신경을 곤두세워야 할 것이 한둘이 아니지. 더구나 내 몸무게만큼이나 무거운 배낭을 낑낑 짊어지고 다녀야 했지. 세심하게 챙겨야 할 장비들이 많았으니까. 가장 중요한 조명 기구를 비롯해서 나침반, 채집 도구, 여분의 옷가지, 비상식량 등을 준비하고 다녔어. 때로는 깎아지른 듯한 절벽도 펄쩍 건너뛰고, 험난한 수직굴을 오르내리기도 했구나. 그래도 나는 몸이 가벼운 편이라서 함께 갔던 일행에 뒤처진 적은 없었단다.

  어느 때인가, 강원도 영월에 있는 고씨동굴에 갔었어. 임진왜란 때 고씨 일가족이 이 동굴에 숨어서 난을 피했다는

데서 동굴 이름이 비롯된 곳 말이야. '종유석^{천장에 기다랗게 매달려 있는 돌고드름}과 석순^{동굴 바닥에 떨어지는 물방울의 석회질 성분이 쌓여 죽순처럼 자라는 것}의 전시장'이라 할 만큼 그 규모가 아주 웅대한 동굴이란다.

함께 간 동료들과 동굴 속으로 8백 미터쯤 들어갔을 무렵 동굴 광장이 나타났어. 그러자 모두들,

"힘든데, 좀 쉬었다 갑시다!"

하더구나. 나는 마음속으로 딴생각을 했지.

'쉬기는 왜 쉬나? 그 시간에 조사를 더 할 일이지.'

쉬는 시간마저 아까운 생각이 들었거든. 그래서 혼자 이곳저곳을 살피며 동굴 속으로 깊이 들어가고 말았단다. 일행과 따로 떨어졌다는 생각이 퍼뜩 들었을 때는 벌써 한 시간이나 흐른 것 같더구나. 더듬더듬 겨우 제자리를 찾아와 보니 일행이 온데간데없는 게 아니겠니?

'아, 큰일 났네! 이를 어쩌지?'

동굴에서 일행과 떨어져 혼자 다니는 것은 정말 위험한 일이거든. 갑자기 입술이 바짝바짝 마르고, 콩당콩당 심장이 방망이질을 해 대는 게 아니겠어? 이쪽으로 가다 보면

길이 막히고, 저쪽으로 가다 보면 벼랑이고. 물이 잔뜩 고인 곳에서는 옴짝달싹도 못 할 지경이었지. 몇 시간을 그렇게 헤매다 보니 주르르 식은땀이 흐르면서 등골이 오싹해지더구나. 이대로 죽는구나 싶었지.

'호랑이에게 물려 가도 정신만 차리면 산다'는 옛말이 떠올랐어. 나는 기진맥진한 몸을 추스르면서 다시 처음부터 시작했지. 내가 들어갔다 나오는 굴마다 입구에 돌로 표시를 했거든. 하나, 둘, 셋……. 굴이란 굴은 빠짐없이 들어갔다 나왔는데도 인기척조차 느낄 수가 없었지. 그러다 보니 조그만 굴 한 군데가 마지막으로 남더구나. 혹시나 하는 마음으로 지친 몸을 이끌고 그곳엘 가 보니 내가 처음 들어간 굴이지 뭐야? 꿈결같이 그곳에서 사람 소리가 웅성웅성 들리더라.

'휴! 살았구나. 살았어.'

한숨을 크게 내쉬면서 마침내 일행과 만났단다.

"남궁 선생! 도대체 어딜 갔었소? 못 만나는 줄 알고 걱정 많이 했습니다."

이마에서 쏟아지는 땀방울 때문에 눈도 제대로 뜨기 힘들었지만 그렇게 일행을 찾은 게 하늘의 도움이었다고 느껴지더구나.

애들아, 이 할아버지가 비록 위험한 순간을 겪기도 했다만, 이런 어려움을 겪었기에 큰 수확을 거둘 수 있었던 것 같구나. 80여 종의 동굴 생물 서식 상태를 밝혀낼 수 있었으니까. 무엇보다도 갈르와벌레, 장님좀딱정벌레 등 7종류의 진귀한 곤충을 남한 땅에서 처음 발견해서 신종*새로 발견된 생물의 종류*으로 발표하게 되었거든. 그때의 기쁨이야 무엇과도 견줄 수 없었고말고. 가장 행복한 순간이었다고 할까.

너희도 알다시피 나는 대학교 교수도 아니고, 학위 논문을 써 낸 박사도 아니잖니? 하지만 한 분야에 대한 집념 하나로 그렇게 열심히 지낼 수가 있었던 것 같구나. 누가 알아주든 말든, 사회적인 명예나 돈 따위엔 관심 없이 묵묵히 내 갈 길을 한눈팔지 않고 뚜벅뚜벅 걸어간 거야.

거미가 무섭다고?

　제주도에 거미 탐사하러 갔을 때 겪은 일이란다.
　아마도 1960년대 초반 무렵인 것 같구나. 동네 아이들이 모여서, 머리를 맞대고 무언가를 막대기로 툭툭 때리고 있지 않겠니? 무얼 하는지 궁금해서 다가갔더니 글쎄, 호랑거미를 때려잡고 있는 거야. 나는 갑자기 가슴이 덜커덩 내려앉아,
　"얘들아, 너희들 거미를 왜 죽이려 하느냐?"

하고 물었지. 그랬더니 아이들이 씩씩거리며,

"이놈은 독거미예요. 독거미는 죽여야 해요!"

하지 않겠어? 나는 아이들을 말리면서,

"우리 나라에는 독 있는 거미가 없단다."

라고 얘기해 주며 타일렀지.

'거미에 대해서 조금만 깊이 알아도 아이들이 거미를 좋아할 텐데…….'

하는 안타까운 생각이 들었단다.

나는 이 일로, 사람들에게 거미에 대해 제대로 알려진 게 너무 없다는 걸 깊이 깨닫게 되었단다.

이 지구상에 살고 있는 거미는 4만여 종쯤 되는데, 그 가운데 30여 종만 강한 독을 가지고 있단다. 독성이 강한 거미는 대부분 열대나 아열대의 더운 지방에 살고 있어. 내가 진짜 독거미 얘기를 해 주마.

세계적으로 이름난 독거미로는 검은과부거미와 타란튤라가 있어. 검은과부거미는 몸집이 자그마해. 몸은 까맣고

윤이 나는데, 몸 아랫부분에 붉은 점이 있지. 독이 아주 강해서 물리면 목숨을 잃는 경우도 있단다.

타란튤라는 어른 손바닥만큼이나 몸집이 큰 거미인데, 온 몸에 털이 북슬북슬하게 나 있지. 이 거미한테 물리면 미친 듯이 울거나 웃다가 죽는다는 이야기 때문에, 사람들에게는 위험한 거미로 알려져 있단다. 하지만 타란튤라의 독은 쥐나 새, 뱀 같은 먹이를 마비시킬 뿐 사람의 목숨을 해칠 만큼 강하지는 않단다.

우리 나라에도 독거미가 사느냐고? 우리 나라를 비롯한 온대 지방에 사는 거미는, 먹이를 잡을 때 필요한 정도로 약한 독만 갖고 있을 뿐이란다. 우리 나라 거미 가운데 가장 독이 강한 거미는 애어리염낭거미란다. 하지만 물려도 따끔따끔하거나 살갗이 조금 부풀어 오를 뿐 금세 아물어.

이처럼 더운 지방에 사는 독성이 강한 몇몇 거미를 빼고는 거미 독은 사람에게 해를 끼치지 않는단다. 먹이를 잡아먹는 데 쓰는 거미만의 무기라고 할 수 있지.

이제 너희도 거미를 보면 독이 있다느니, 사람에게 해롭

다니 하지 말거라. 우리 나라에 독거미가 있었다면 이 할아버지가 진작 물려서 큰 고생을 했겠지. 안 그러니?

　사실 거미는 농사에 많은 도움을 준단다. 살충제로도 잘 없어지지 않는 해충을 잡아먹으니까 말이다. 만약에 거미 수가 줄어든다면 해충이 늘어나고, 사람들은 해충을 죽이려고 더 많은 화학 약품을 마구 뿌려야 하지 않겠니?

　그리고 말이다, 거미가 만드는 거미줄은 방탄조끼나 수술할 때 쓰는 실 등으로 활용하기 위해 연구되고 있단다. 거미 독도 의약품으로 개발하는 중이란다.

　허허허, 녀석들! 거미가 새롭게 보인다고? 그래그래, 너희도 할아버지처럼 거미를 벗으로 삼았으면 좋겠구나.

착한 선생이란 소리는 들었지

충청북도에서 줄곧 교사 생활을 하다가 1967년에 서울로 올라오게 되었어. 서울에 살면서도 줄곧 거미를 쫓아다니며 연구를 했지.

학교에서는 특활반 활동을 도맡아서 했지만 담임은 거의 맡지 않았단다. 담임 노릇을 하면 아무래도 다른 일을 할 겨를이 없으니, 학교에서 배려를 해 준 것이지. 아이들과 가까워지려면 담임을 해야 하는데, 나는 아이들보다 거미와 더 가깝게 지낸 듯싶어. 그래서 그런지 나를 따르는 제자들이 그렇게 많지는 않단다.

그런데 바로 얼마 전에 옛 제자한테서 전화가 걸려 왔어. 나랑은 특별한 인연이 있는 학생이었지. 1969년에 청운 중학교에 있을 때 가르치던 학생인데, 지금은 서울의 한 고등학교에서 선생을 하고 있대. 텔레비전이랑 신문에서 내 소식을 듣고 반가워서 연락을 했다는구나. 그래도 나를 잊지 않고 찾아 주고 연락하는 제자들이 있어서 고맙지, 고마워.

삼십여 년의 세월이 흘렀다만, 그 제자를 금세 떠올릴 수 있었던 건 그만한 까닭이 있어서야.

하루는 특활반 학생들과 경기도 광릉에 야외 탐사를 나가게 되었어. 아이들도 무척 가슴 설레며 좋아했지. 광릉 숲에 이르러서 거미를 한참 조사하다 보니 꼬르륵거리며 배꼽시계가 울렸어. 그래서 아이들과 식당에 가서 점심을 먹기로 했지. 한데 학생 두셋이,

"선생님, 땀을 너무 많이 흘렸어요. 개울에 가서 세수하

고 올게요."

하더구나.

"그래, 빨리 갔다 오너라."

했지. 나머지 학생들과 음식을 주문하고 잠깐 기다리는데, 한 학생이 헐레벌떡 달려오며,

"선생님, 큰일 났어요! 어서 와 보세요."

하는 게 아니겠어? 깜짝 놀라 급히 달려가 보니 한 학생이 손목에서 피를 뚝뚝 흘린 채 어쩔 줄 몰라하며 있더구나. 개울가에서 개구리를 보았는데, 그놈을 잡으려다가 돌부리에 걸려 넘어진 모양이야. 하필 거기에 깨진 술병이 있어서 손목을 그만 베이고 말았던 거지.

나는 부랴부랴 그 학생을 데리고 얼른 택시를 잡아탔어. 가까운 데에 병원이 없었으니까 말이야. 의정부까지 나가서 여러 바늘을 꿰맸단다. 겨우 치료를 마쳤는데 주머니에는 돈이 별로 없더구나. 하는 수 없이 병원에 신분증을 맡기고 그 학생 집까지 데려다 주었어.

나는 그 학생 부모님께 참 죄송스러웠는데, 나중에 치료

비를 가지고 학교에 찾아오셨지 뭐야. 아이들을 바깥으로 데리고 나가면 조심시켜야 하는데……. 그 다음부터 바깥에 나갈 때는 아이들에게 면장갑을 챙기고, 양말도 두 켤레씩 신고 오라고 했지.

충청북도 음성에서 교사로 있을 적에 담임을 했던 반 아이들 가운데도, 스승의 날이 되면 나를 찾아오는 아이들이 몇 사람 있어. 아이들이라고는 해도 머리가 희끗희끗한 할아버지, 할머니들이니 너희가 깔깔대며 웃을 일이로구나. 그래, 이 할아비가 여든 살이 넘었으니 그럴 만도 하지 않겠니?

그 아이들은 내가 서울로 올라와서 텔레비전에 나온 걸 봤던 모양이야. 그렇게 해서 내 소식을 듣고 물어물어 찾아와 주었지. 그러면서 옛날 일을 이야기하더구나.

한 제자는 그때 형편이 너무 어려워서 수업료를 못 내고 있었는데, 내가 수업료를 내지 않도록 해 주어서 중학교를 마치게 되었다고 무척 고마웠다고 말하더구나.

지금도 어려운 학생이 많겠지만 그 시절에는 더욱 그랬

지. 수업료 낼 때만 되면 풀이 죽어 있는 아이들이 한둘이 아니었어. 교사로서 그런 학생들을 모두 도와주고 싶었지만, 나 혼자 힘으로 해결하기 어려운 문제였지.

아무튼 이 할아버지가 오랜 세월을 교직에 몸담았지만 그렇게 인기 있는 선생은 아니었단다. 하긴, 훌륭한 선생이라는 소리는 못 들었어도, 착한 선생이라는 소리는 들었던 것 같구나, 하하하.

자다 눈을 떠도 거미가 보여

  너희가 아는 거미 이름 한번 말해 보려무나. 대답이 없네? 그래, 그럴 수도 있지. 이 할아버지도 너희만 할 때는 거미에 대해서 아는 게 하나도 없었으니까.

  그래도 얘들아, 무언가의 이름을 아는 건 아주 중요한 일이란다. 친구가 되기 위한 첫 단추라고나 할까? 너희도 친구를 사귀면 가장 먼저 이름부터 묻지 않니? 거미도 마찬가지야. 이름을 알게 되면 생김새도 눈에 들어오고, 거미의 그물 모양은 어떤지, 어디에 사는지 차츰차츰 깨달을 수 있거든. 이제부터 거미를 관찰하게 되면 이름부터 알아보렴.

우리 나라에 사는 거미는 한 6백 종 남짓 된단다. 참으로 많다고? 물론 남한 땅에서만 그렇단다. 그 가운데 내가 신종으로 발견해서 직접 학명을 붙여 준 거미가 열일곱 종쯤 되는 것 같구나. 뭐, 자랑할 만한 일은 아니고, 그만큼 그 동안 우리 나라에서 거미를 연구한 사람이 없었다는 얘기도 되지.

신종을 찾아낸다는 것은 그때까지 아무도 찾아내지 못한 새로운 종류의 생물을 처음 찾아내거나, 새로운 분류 방법을 통해서 다른 종류와 뒤섞여 있던 것을 새롭게 분류하는 거지. 신종을 발견해서 학명을 붙여 주는 일은 사실 동식물학자들이라면 누구나 소망하는 꿈이란다. 그러기 위해서는 끝없이 노력하는 것은 물론이고, 운도 따라야 하는 일이지.

신종을 찾아내서 발표하려면 논문을 써야 한단다. 보통

국내 학회지나 국제 학회지에 발표를 하는데, 국제 학회지에 발표하면 세계의 관심을 끌고 인정받게 되는 거지. 다른 어느 나라에도 없는 생물 종이 우리 나라에서 처음으로 발견된 거니까.

내가 신종으로 발견해서 학명을 붙여 준 거미는 광릉땅거미, 고려잔나비거미, 모산굴뚝거미, 관악유령거미, 제주굴아기거미 들이란다.

광릉땅거미는 1986년에 광릉 숲에서 처음 보았어. 컴컴한 숲 속을 뒤지고 다니다가 바위를 젖혀서 찾아냈지. 땅

거미는 땅속에 집을 짓고 살아. 엄니로 땅을 파고, 실을 뭉쳐 길쭉한 자루 모양의 집을 짓지. 집 전체의 3분의 1쯤은 땅 위로 드러나 있고, 나머지 부분은 땅속에 묻혀 있단다. 땅 위에 드러난 부분은 먹이를 잡는 사냥터이고, 땅속 부분은 먹이를 먹고 쉬는 곳이야.

땅거미는 땅 위로 나와 있는 집에 먹이가 앉거나 그 위로 지나가면, 흔들흔들한 울림을 느끼고 잽싸게 올라가서 먹이를 물어 마비시키지. 그런 다음 땅 밑으로 물고 가서 천천히 빨아 먹는단다.

고려잔나비거미는 경상북도 문경에 있는 모산굴에서 처음 보았어. 지구에서 이곳에만 있는 신종이지. 동굴에 사는 거미인데, 몸집이 아주 작아.

그렇다면 새로 발견한 거미한테 어떻게 이름을 붙이는지 알려 줘야겠구나. 너희도 궁금하지? 이름을 붙이는 데는 두 가지 방법이 있어. 하나는 학명이고, 다른 하나는 우리나라 이름이란다.

학명이란 동식물에 붙이는 세계 공통의 라틴어 이름을

말한단다. 같은 생물이라도 지역이나 나라에 따라 부르는 이름이 다르잖니. 때문에 세계 어느 나라 사람이나 학명만 보고도 생물을 구분할 수 있도록 공통의 이름을 지어 주는 거란다. 그게 바로 학명인 거지.

다른 하나는 우리 나라 이름을 붙이는 거란다. 보통 생물을 발견한 사람이 지어 붙이지. 아무렇게나 붙이는 건 아니고, 나름대로 기준이 있어. 특징이 무엇인지, 어디서 사는지 그리고 분류의 계통에 따라 이름을 짓는단다.

'고려잔나비거미'는 원산지가 우리 나라라서 '고려'라고 붙이고, 대표적인 '잔나비거미'에 속한다고 해서 그렇게 이름을 지었지.

동굴 생물 가운데 내가 이름을 붙여 준 '장님좀딱정벌레'를 예로 들어 볼까?

눈이 없어서 '장님'이라고 했고, 몸집이 아주 작아 '좀'*이라는 말을 붙였지. 또 앞날개가 딱딱한 딱정벌레 무리에 속하니까 '딱정벌레'라고 했단다. 이 말을 모두 합하면 '장님좀딱정벌레'가 되는 거야.

*작다는 뜻

경우에 따라서는 어떤 사람의 명예나 업적을 기리기 위해서 그 사람 이름을 붙이기도 한단다. 갈르와벌레 있잖아? 그건 학명이 아니고 우리 나라 이름이야. 갈르와벌레를 세계에서 처음으로 발견한 사람 이름이 프랑스 사람인 '갈르와' 거든. 그 사람의 명예를 기리기 위해 갈르와벌레라고 붙였지.

거미 이름 짓는 이야기, 재미있니?

너희도 산과 들에 나가 거미를 보면, 너희 나름대로 이름을 한번 지어 보려무나. 예를 들어 몸에 털이 많이 나 있으면 '털보'라고 하고, 거미를 본 곳이 팔공산이면 '팔공산'이라고 해서 '털보팔공산거미'라고 짓는 거야. 그러고 나서 진짜 이름이 무엇인지 도감이나 다른 책들을 뒤적여 본 다음, 견주어 보는 것도 무척 즐거운 일일 듯싶구나.

학명을 붙여 준 거미 말고, 내가 우리 나라에서 처음 발견해서 이름을 지어 준 거미도 70여 종쯤 된단다. 좀 어려운 말로 이런 것들을 '미기록종'이라고 하지. 다른 나라에서는 이미 발견되어 널리 알려져 있지만, 우리 나라에서는 눈에 띄지 않아서 기록이 안 되었던 것들 말이야.

지금 돌이켜보면, 내 눈에는 왜 그리도 거미가 잘 띄었는지 몰라. 다른 사람 눈에는 도무지 안 보인다는데 말이야. 깜깜한 밤중에 누워서 자다가 눈을 떠 봐도 거미가 보일 정도였으니까. 삼신할미가 '이 녀석, 너는 평생 거미를 찾아다니거라.' 하시며 나를 세상에 내보내신 게 아닐까 싶구나.

허허허, 누군가 나에게 '세상에서 가장 행복한 순간이 언제였냐?'고 묻는다면 나는 서슴지 않고 대답할 것 같구나. 찾고 구하던 거미를 만났을 때라고.

거미 얘기는 해도해도 끝이 없지

 자, 이번에는 너희가 아주 흥미 있어할 만한 거미 얘기를 들려주고 싶구나. 어때, 졸음이 싹 가시지? 그래, 거미 얘기는 밤새도록 들어도 지루하지 않을 거야.
 우리 나라 거미 가운데 가장 작은 거미는 '깨알거미'라고 해. 몸집이 얼마나 작은지 그냥 찾아내긴 힘들고 깨알거미가 친 그물을 찾아내야 볼 수가 있거든. 암컷이 1~1.2밀리미터쯤 되고, 수컷은 이보다도 작은 0.7~1밀리미터쯤 된단다. 정말 작지? 그래, 정말 마침표만 하다니까. 얕은 풀숲에 그물을 치고 사는데, 경기도 남양주에 있는 예봉산에서 처음 보았고, 그 뒤로 제주도에서도 보았단다. 하도 몸집이 작아서 이름 붙일 때도 고민을 많이 했어. 좁쌀거미라고 할까 하다가 몸 빛깔이 거무스름해서 깨알거미라고 하는 편이 낫다 싶었지.

우리 나라에는 살지 않지만 타란튤라는 엄청나게 큰 거

미란다. 몸길이가 15~25센티미터나 되거든. 타란튤라가 친 거미 그물에는 간혹 새가 걸리는 경우도 있어서 '새잡이거미'라고도 하지. 타란튤라는 배의 등 쪽에 독 있는 털이 나 있는데, 적한테 공격을 받으면 뒷다리로 그 털을 뽑아 던져서 스스로를 보호하는 습성이 있어.

내가 처음 찾아낸 거미는 아니지만 물거미 얘기도 빼놓을 수가 없구나. 물거미는 이 할아버지가 아주 오래 전부터 애타게 찾아 헤매던 거미란다. 한때는 일본의 물거미 전문가까지 불러서 경상남도 마산 가까이에 있는 태평늪까지 뒤지고 다녔거든. 남한 땅에는 없나 보다 하고 한동안 체념하고 있었지. 그런데 우연히 과학 교사 사진 모임에서 연 사진전에 갔다가 물거미 사진을 보게 되었단다. 그때가 1996년의 일이었지. 나는 반갑고도 놀라워서,

"이, 이 사진 누가 찍었나요?"

하고 떨리는 목소리로 물었지.

"그거요? 중학교 교사로 계시는 임헌영 선생이 찍었습니다."

"아, 그래요? 그럼, 어서 빨리 그 선생을 만나게 해 주시오. 정말 대단한 일이군요."

임헌영 선생을 만나서 물어보니 자기 집에 물거미 표본이 있다는 거야. 그래서 부리나케 그 집으로 함께 가서 표본을 살펴보았지. 헌데 표본을 말려서 만든 바람에 물거미인지 제대로 확인하기가 힘들더구나. 그래서 임 선생과 물거미를 보았다던 곳으로 달려갔어. 경기도 북부 민통선 부근에 있는 습지로 말이야. 나는 그곳에서 애타게 찾던 바로 그 물거미를 만났단다. 내가 처음 찾아낸 건 아니었지만 물거미의 서식 상황과 생태를 알게 되어, 그 내용으로 논문을 발표했지.

물거미는 물속에 사는 단 하나뿐인 거미란다. 세계적인 희귀종이지. 물풀 사이에 그물을 치고 공기 방울로 집을 만드는데, 그 속에다가 공기를 저장하고 숨을 쉰단다. 주로 물속에 떨어진 곤충을 먹지만, 때로는 작은 물고기나 올챙이 따위를 잡아먹기도 해. 물거미는 물속에서 짝을 짓고, 알을 낳아 새끼를 기르면서 일생을 보낸단다.

사진 한 장을 찍지 못해서 아주 애를 태운 거미도 있어. 바로 도토리거미야. 도토리거미는 몸 빛깔이 수박 빛깔과 비슷해서 처음에는 수박거미라고 했지. 몸집도 아주 작아. 암컷이 2.5~3.5밀리미터쯤 되니까. 도토리거미는 지하수가 흐르는 동굴 속이나 어둠침침한 골짜기 바위 밑에 살고 있지. 먹이 잡는 방법도 아주 재미있단다. 물 가까이에 그물을 치고, 몇 가닥의 끈끈이 줄을 늘어뜨리고 있다가 물 위에 떠 있던 먹이가 걸리면 재빨리 낚아 올려 잡아먹거든. 허허, 먹이 잡는 모양새 때문에 '강태공거미'라는 별명도 붙여 주었지. 도토리거미는 채집한 표본이 이미 여럿 있었지만 사진으로 찍은 게 없어서 4, 5년을 쫓아다녔어. 다행히 1, 2년 전인가, 강원도에 있는 한 동굴에서 도토리거미 사진을 찍을 수 있었지.

먹이 잡는 방법이 신기한 거미로는 머리와 등에 뿔이 여섯 개 있는 여섯뿔가시거미도 뒤지지 않지. 그물에 매달려 실줄을 공중에 늘어뜨리고 있는데, 글쎄 그 끝에 끈끈이 공이 달려 있단다. 모기나 나방 따위가 나타나면 끈끈이

공을 휘둘러 낚아채지. 우리 나라에서는 암컷만 몇 마리 보았고, 아직 수컷을 찾지 못했어. 열대성 거미인데 아주 귀한 녀석이지. 이름도 내가 지어 준 거미란다.

40년이 훨씬 넘은 표본 가운데 내가 가장 아끼는 것도 있어. 바로 지이어리왕거미야. 왜 오래 된 표본을 그렇게 애지중지하냐고? 들어 보거라.

소백산에서 거미를 쫓아다닐 때였는데, 한여름이라 온몸이 땀범벅이 되었어. 더위를 식히려고 물가에서 미역을 감다가 나무 꼭대기를 보았는데, 거미 한 마리가 눈에 띄더구나. 그놈을 꼭 잡고 싶은데, 손에 닿지도 않고 나무에 올라가기도 쉽지가 않더라고. 얼른 신발 한 짝을 벗어서 물을 담아 휙 하고 끼얹었었지. 다행히 거미가 뚝 하고 떨어지긴 했는데, 빠른 물살을 타고 저 멀리 떠내려가는 게 아니겠어? 나는 거미한테 뒤질세라 급히 쫓아갔지. 다행히 그 녀석이 바위를 타고 기어 올라가더구나. 그래서 잡게 되었어. 지이어리왕거미 표본은 가치가 있고 없음을 떠나서, 거미에 대한 열정이 들끓던 때 채집한 녀석이라 그런지 마음에 오래 남는 거미란다.

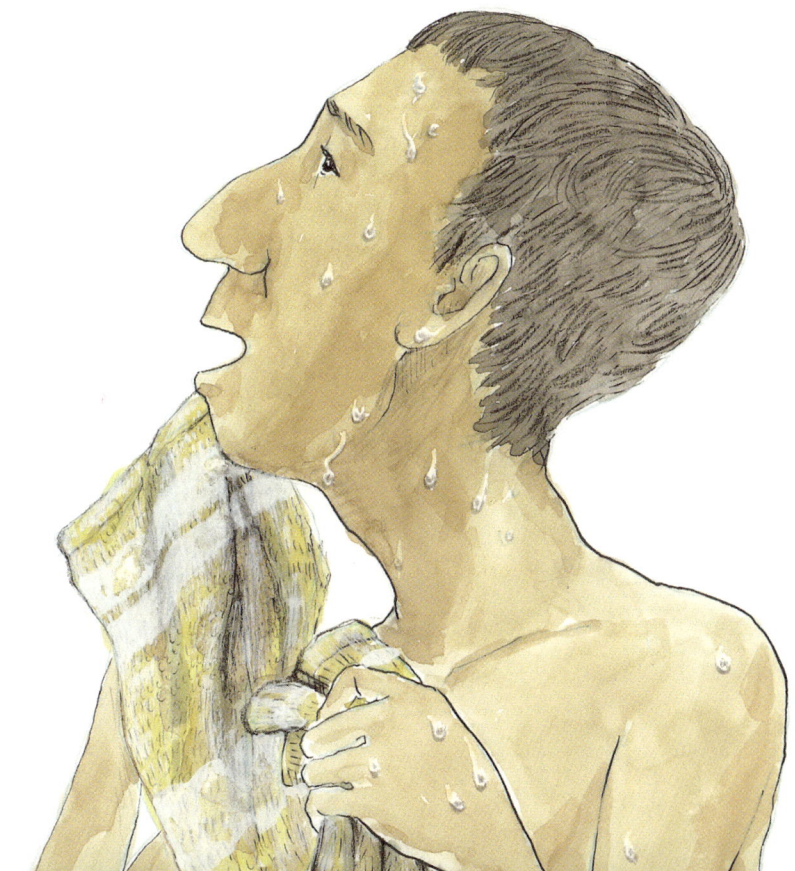

거미는 짝짓기와 구애하는 방법도 아주 흥미롭지.

살받이게거미란 녀석이 있는데, 성숙한 수컷은 아직 어른이 되지 않은 암컷 등에 올라타고 다니다가, 암컷이 성숙하면 재빨리 배 밑으로 들어가 짝짓기를 하지. 참, 거미는 수컷이 암컷보다 빨리 성숙한단다.

참게거미 가운데 어떤 종류는 수컷이 암컷을 거미줄로 꽁꽁 묶어 놓고, 짝짓기를 하기도 해. 아마도 짝짓기 도중에 암컷이 사나운 공격을 할까 봐 그러는 게 아닐까 싶어.

서성거미 수컷은 거미줄로 파리 같은 먹이를 묶어서 입에 물고 다니다가 암컷을 만나면 선물로 바치지. 암컷이 먹이에 정신이 팔려 있을 때, 수컷은 암컷에게 다가가 짝짓기를 해. 교활한 수컷은 짝짓기가 끝나면 먹이를 다시 빼앗아 도망치기도 한단다.

거미는 알을 낳으면 실로 알주머니를 만들어서 돌본단다. 알주머니의 크기나 모양, 보호하는 방법은 종에 따라 다르지.

늑대거미는 투명한 주머니 같은 것을 만들어 그 속에 알을 낳고, 실줄로 촘촘하게 감싼 다음, 다리로 둥글려서 공 모양의 알주머니를 만들어. 그러고는 꽁무니에 매달고 다니지. 알에서 새끼들이 깨어나면 혼자서 살 수 있을 때까지 등에 업고 다니며 돌보아 준단다. 정말 놀랍지 않니?

닷거미류는 알주머니를 입에 물고 다니고, 먼지거미류는 그물 가운데에 알주머니와 먹이 찌꺼기 들을 염주 모양으로 여러 개 붙여 놓아서, 알주머니인지 먹이인지 구별하지 못하게 꾸미기도 해. 또 염낭거미류는 벼과 식물의 잎을 말아서 그 속에다가 알을 낳고 품기도 하고. 하지만 모든 거미들이 이렇게 알주머니를 정성껏 돌보는 건 아니란다. 알주머니만 남겨 두고 그 자리를 떠나는 거미도 있고, 알주머니를 만든 다음에 곧바로 죽는 거미도 있으니까.

애들아, 이 할아버지가 거미 얘기를 하다 보니 끝이 없구나. 내 이야기는 이쯤 해 두고 너희 스스로 거미에 대해 궁금한 것을 알아보고, 직접 찾아보면서 거미 세계에 빠져들었으면 싶다.

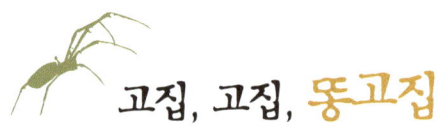 **고집, 고집, 똥고집**

   그 동안 거미와 동굴 생물을 연구하면서 다른 나라 사람들과도 교류할 기회가 많이 있었단다.

   특히 일본 사람들과는 1966년에 두 나라가 함께 우리 나라 동굴에 사는 생물을 조사한 적이 있어서, 그 뒤로도 지금까지 가깝게 지내고 있지. 또 내가 일본 거미학회 정회원이라 일본 사람들에게 초청을 받아 일본을 방문한 적도 여러 차례 있었고.

그게 아마 1980년대 초반일 거야. 일본에서는 4년마다 한 번씩 '태평양 과학자 회의'가 열리고 있거든. 어느 날 갑자기 일본에서 연락이 왔어.

"남궁 선생! 이번 회의에 꼭 와 주셨으면 합니다. 한국의 갈르와벌레에 대해 연구한 사람은 당신밖에 없으니까요."

하지 않겠어? 난 며칠 동안 고민을 했지. 그리고 일본에 연락을 했어.

"나는 중학교 선생일 뿐입니다. 능력도 모자라고 일본에 갈 여비도 없어요."

그러면서 정중히 거절을 했지. 그랬더니,

"걱정 마십시오. 숙식은 여기 연구실에서 해결하면 되지 않겠어요? 비행기 삯만 마련하시면 될 텐데……."

하더구나. 하지만 여러 가지 여건이 여의치 않아서 그 회의에 참석을 못 했단다. 대신에 논문을 요청받았어. 그래서 한국의 갈르와벌레에 대해 연구한 논문과 내가 직접 그린 세밀화를 함께 보냈지. 비록 참석은 못 했다만, 내가 쓴 논문을 비중 있게 다루어 주어서 마음이 참 뿌듯했단다.

우리 나라에서 거미를 분류하는 학자나 연구가를 꼽으라면 아마도 다섯 손가락을 채우기가 힘들 것 같아. 그래, 이게 바로 현실이지. 슬픈 현실이고말고. 꼭 필요하고 중요한 일이라고 생각하더라도 당장 돈이 되지 않거나 고생스러운 일, 명성을 쌓기 힘든 일에는 쉽게 뛰어들지 않거든.

이 할아버지 생각으로 분류학이란 말이다, 학문의 기초 가운데서도 가장 중요한 분야라고 말하고 싶어. 분류학이 뭐냐고? 음, 쉽게 말해서 너희 책꽂이에 있는 책들이 뒤죽박죽 정신없이 꽂혀 있으니 정리하라고 한다면 어떻게 하겠니? 교과서는 교과서끼리, 참고서는 참고서끼리, 동화책은 동화책끼리 보기 좋고 찾기 쉽게 꽂아 놓겠지? 아니면 책을 크기대로 순서를 잡아 꽂아 놓을 수도 있겠고.

생물을 분류한다는 건 관련이 있는 생물끼리 모으는 거야. 생물을 질서 있게 늘어놓아서 생물들 사이 관계를 알 수 있게 해 주는 거지.

하지만 요즘은 유전 공학이다, 생명 공학이다 해서 분류학을 공부하려는 사람들이 점점 줄어들고 있단다. 모래로

탑을 쌓는 일과 같은 거지. 기본을 모르면서 활용을 어떻게 하는지 연구한다는 게 얼마나 위험한 일이겠니?

가까운 일본만 하더라도 거미 연구가가 300여 명이 넘는단다. 그런데 재미있는 사실은 이름난 연구가 안에는 학교 선생님이나 회사원, 양조장 주인, 쌀가게 주인, 경찰관 등 직업이 다양하다는 점이야. 거미가 좋아서 거미를 쫓아다니다 보니까 자연스럽게 전문가가 되는 거지.

세계 거미학회 부회장으로 있는 오노 히로쓰구라는 일본 사람 생각이 나는구나. 게거미에 대한 세계적인 권위자인데, 지금은 일본의 과학 박물관에서 일하고 있지. 오노 히로쓰구도 도쿄에 있는 거미 동호회 사람이야. 초등학교 때부터 거미가 좋아서 쫓아다녔다는구나.

오노 히로쓰구는 일본에서 법과대학을 졸업하고, 독일로 유학을 갔지. 한데 유학 가서 법학을 공부한 게 아니란다. 8년 동안 거미를 연구했단다. 귀국한 다음 일본 거미학회를 발칵 뒤집어 놓을 만큼 거미에 대해서는 빼어난 사람이 되었지. 오노 히로쓰구가 이런 말을 했어.

"취미대로 사는 것이 가장 행복한 삶이 아니겠어요?"

우리 나라와 견주어 본다면 일본의 그런 풍토가 부럽기 짝이 없구나.

일본에서는 거미 동호회 활동이 퍽 활발하게 이루어지고 있어. 한 달에 한 번 꼴로 지역마다 모임을 하는데, 모이는 사람을 보면 코흘리개 어린아이부터 할머니에 이르기까지 참으로 다양하지. 지도자가 서른 명쯤을 이끌고 거미를 관찰하며 특징을 설명해 주고 그래. 야외 탐사가 끝나면 평가 회의도 빼놓지 않지. 가장 인상에 남았던 건 거미를 보더라도 채집을 하지 않는다는 거야. 그만큼 거미를 사랑한다는 증거지.

이 할아버지도 연구 때문에 거미를 채집하는 게 일이었다만 꼭 필요한 수만큼만 채집하고, 어린 거미는 절대로 채집하지 않으려고 노력했단다.

이 할아버지는 요즘 우리 현실을 보면 갑갑할 때가 더 많아. 세계 제일의 인터넷 국가를 만들겠다고 떠들썩하지만 국립 자연사 박물관 한 곳 없는 게 우리 형편이잖아. 기초가 튼튼해야 하는 법인데, 뿌리가 튼실해야 하는 법인데 말이다. 한동안 나라에서 국립 자연사 박물관을 추진한다고 야단법석이었는데, 10년이 지난 지금까지 무얼 하고 있는지 모르겠구나.

그런데 자연사 박물관이 어떤 곳인 줄 알고 있니? 동물, 식물, 곤충, 광물, 화석 들 표본을 수집하고 보존해서 전시하는 곳이야. 멸종 위기에 놓인 생물이나 야생 생물들을 보호해서 생태계 유지와 환경 보호에 앞장서는 곳이기도 하지. 너희 같은 어린이들이 자연을 이해하고 사랑하며, 탐구하는 마음을 키우는 데 안성맞춤인 곳이란다.

자연사 박물관은 미국에만도 1,200개, 독일에는 600개, 일본에 150개 이상이 있다고 해. 태국이나 말레이시아에도 10개 이상이 있다고 하는구나. 하지만 우리 나라에는 제대로 된 자연사 박물관이 안타깝게도 하나도 없구나.

이 할아버지는 줄곧 거미를 연구하면서 여러 가지 얘기

를 들었단다.

"남궁 선생! 대학원에 들어가서 박사 학위를 받아야 하지 않겠어요?"

"내내 평교사로 계실 건가요? 교감이나 교장으로 승진하고 싶지 않으세요?"

갈르와벌레에 대해 발표를 하고 난 다음에는 그 시절, 국립 보건원에 근무했던 프랑스 사람이 찾아와 프랑스로 유학을 가라고 권하기도 했지. 돈도 없고 아이들도 일곱이나 키워야 하는데, 그런 결심을 할 형편이 되었겠니?

하지만 진짜 속마음은 딴 데 있었단다. 내가 이 분야에서 전문가가 되고, 권위자가 되면 그뿐이지, 학위나 유학이 꼭 필요할까 하는 고집 아닌 고집이었지.

지금 생각하면 그 똥고집 하나로 외로운 길을 걸어올 수 있었던 것 같구나.

# 내게 바람이 있다면

거미를 쫓아다닌 지도 어느덧 사십여 년, 참으로 세월이 화살처럼 빨리 흘렀다 싶어. 내 나이 이제 여든 고개를 훌쩍 넘었으니 많은 나이지. 많고말고! 그래도 해야 할 일이 산더미처럼 쌓여 있어 걱정부터 앞서는구나.

반평생 동안 내가 한 일은 거미를 찾아내고, 이름을 붙이고, 표본을 만들고 그런 일이었지. 그 동안 하나 둘 거미를 채집해서 만든 표본이 쌓이고 쌓이다 보니 10만 점쯤 되었단다. 우리 집 안에는 거미 표본이 사방에 꽉 들어차 있을 정도니까. 내가 발이 부르트도록 돌아다니며 직접 찍은 거미 사진도 5천여 장쯤 되지. 이런 게 한평생 모은 나의 재산이라면 재산일 수 있고.

참, 얼마 전에 이 할아비가 오랫동안 준비한 일이 열매를 맺었단다. 무슨 일인지 알려 주련?《한국의 거미》라는 거미 도감을 마침내 펴냈구나. 사실 제대로 된 거미 도감을 펴내는 게 그 동안 내 꿈이었거든. 1970년대부터 찍기 시작한 거미 사진과 함께 세밀화를 곁들여서 꾸몄단다.

거미는 얼핏 보면 빛깔이나 생김새가 비슷비슷하기 때문에, 하나하나 아주 세밀한 그림을 그려야 해. 눈이 빠져라 현미경으로 들여다보면서, 생식 기관까지 그려야 하는 손이 많이 가는 일이었지. 천 장이 넘는 세밀화가 도감에 실렸는데, 초기 스케치는 대부분 할아비가 그린 거란다. 요즘 들어서는 눈도 침침해지고 손이 너무 떨려 제자들이 도와주었지.

이 거미 도감에는 우리 나라에 사는 거미 546종을 실었어. 책이 나온 다음, 일본에 있는 거미학자들에게도 보냈는데, 5백 종이 넘는 거미가 실린 도감은 세계적으로 처음이라며 칭찬을 해 줘서 마음이 뿌듯하기도 했단다.

평생 동안 공부하고 모아 온 자료를 남길 수 있게 되어 그나마 다행이지 않니? 그 동안 10년 넘게 준비를 하면서 내가 죽기 전에 이 일을 못 끝내면 어쩌나 하고 조바심도 냈단다.

할아버지는 이 나이가 되었는데도 아직 눈코 뜰 사이 없이 바쁘구나. 꼭 해야 할 일이 남았기에 요즘도 아침 아홉 시가 되면 어김없이 제자가 있는 사무실에 나와 일을 보고, 저녁 여섯 시가 되어서야 집에 들어가는 규칙적인 생활을 하고 있단다.

거미 표본을 어서 빨리 정리해야 하거든. 기나긴 세월 동안 산과 들을 뒤지고, 동굴 속을 미친 듯이 헤매며 찾아낸 거미 표본이 10만 점을 넘었지. 거미 표본은 내겐 자식이나 다름없이 소중한 것이야. 하지만 어찌 보면 살아 있는 생명체를 죽인 것이니까 이 표본들을 가치 있는 일로 마무

리해야 하지 않겠니?

그래서 몇 해 전, 대전에 있는 국립 중앙 과학관에 거의 다 기증했단다. 이 표본들 가운데는 이 땅에서 자취를 감춘 거미도 있어서 자연사 연구에 도움이 될 것 같아. 나머지 표본도 문헌 자료와 함께 기증해야 하는데, 채집 연도, 채집 장소와 함께 제대로 분류를 해서 넘겨야 하니 하루해가 짧게만 느껴지는구나.

너희가 이 다음에 국립 중앙 과학관에 가서 전시된 거미 표본을 보게 될 때 이 할아버지를 생각해 주면 좋겠구나. 허허허.

이제 이 할아비의 거미 인생도 그리 오래 남지는 않았겠지. 아쉽긴 해도 어쩔 수 없는 자연의 이치니까. 거미와 함께한 시간들이 이 할아비에게는 참으로 소중하고 행복한 시간이었지.

애들아, 끝으로 꼭 들려주고 싶은 말이 있구나. 사람은 본디 제가 하고 싶은 일을 하며 살아야 해. 그것이 돈을 많이 벌든, 사람들이 알아주든 상관없이 말이야. 몸서리치도록 외로울 때도 있고, 그만두고 싶을 만큼 힘겨울 때도 있을 거다. 그래도 자기 삶을 제 뜻대로 살아가는 게 아름답고 소중한 일이잖니?

너희도 앞으로 너희가 좋아하고, 하고 싶은 일을 찾아서 꿋꿋하게 열심히 했으면 싶구나.

그게 뭔지 잘 모르겠다고 그리 초조해하지는 말거라. 언젠가는 그런 일이 마음속에서 용솟음치며 생길 거다. 꼭 말이야!

재미있고 신기한 거미의 세계

거미는 '살아 있는 농약'이라는 별명이 있을 만큼 인간에게 이로운 벌레랍니다. 거미는 농사를 망치는 나쁜 벌레들을 잡아먹거든요. 몰랐다고요? 그럼, 거미에 대해 함께 더 알아볼까요?

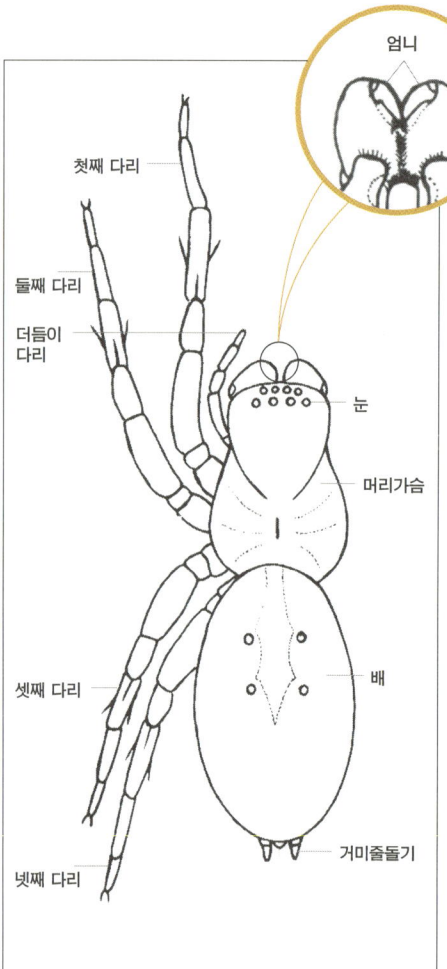

거미는 곤충이 아니에요!

생김새가 곤충과 비슷하긴 하지만 거미는 절지동물이랍니다. 사실 자세히 살펴보면 곤충과는 많이 다르지요. 거미는 다리가 여덟 개이지만, 곤충은 여섯 개입니다. 거미의 몸은 머리가슴과 배, 두 부분으로 되어 있지만, 곤충은 머리, 가슴, 배 세 부분으로 나뉘어 있습니다. 거미는 날개와 더듬이도 없지요. 또 곤충은 탈바꿈을 하는데, 거미는 탈바꿈을 하지 않는 점도 다릅니다. 곤충은 '알-애벌레-번데기-어른벌레'라는 과정을 거치면서 성장하지만, 거미는 허물벗기만을 되풀이하면서 자라거든요. 따라서 곤충은 단계마다 모양이 다르지만, 거미는 어릴 때나 어른이 되었을 때나 몸 크기와 빛깔만 다를 뿐 모양은 같습니다. 무엇보다도 거미와 곤충의 가장 큰 차이점은 거미가 실을 술술 뽑아내는 거미줄돌기를 가지고 있다는 점이랍니다.

은먼지거미가 친 거미줄

거미그물을 치지 않고 사는 되니쓰깡충거미

거미줄은 어디에서 나오나요?

입에서 나온다고 생각하기 쉽지만 거미줄은 거미의 배 꽁무니에서 나옵니다. 거미 몸에는 실샘이 있는데, 여기에서 끈끈한 액체를 만들지요. 이 액체는 가늘고 기다란 실관을 지나 배 끝에 있는 거미줄돌기로 나오는데, 공기와 맞닿으면 단단하게 굳습니다. 이것이 우리가 보는 거미줄입니다. 거미줄은 얇고 약해 보이지만 세찬 바람에도 끊어지지 않을 만큼 질기고 강하답니다. 거미줄은 그물을 칠 때뿐만 아니라 먹이를 잡을 때, 알주머니를 싸는 데에 쓰입니다. 또 위험이 닥치거나 멀리 이동할 때 쓰이지요.

거미는 뛰어난 사냥꾼이에요!

거미는 먹이가 그물에 걸려들면 그 쪽으로 다가가 먹이를 더듬이 다리로 꽉 붙잡고, 날카로운 엄니로 물어서 마비시킵니다. 거미의 엄니에서는 독액이 나오기 때문에, 물리면 먹이의 장기는 1~2분이 채 안 되어 녹아 버립니다. 그러고 나서 거미는 먹이의 체액을 빨아 먹습니다. 나중에는 독액에 녹지 않은 곤충의 껍데기만 남지요. 먹이가 크거나 힘이 셀 경우에는 거미줄돌기에서 실을 뽑은 다음, 다리로 돌돌 말아서 미라처럼 만듭니다. 거미는 주로 살아 있는 곤충을 먹이로 삼지만, 전갈이나 몸집이 큰 거미는 쥐나 새, 개구리, 물고기를 잡아먹는 일도 있습니다.

긴호랑거미가 거미줄에 걸린 먹이를 잡아먹고 있다

짝짓기를 하고 있는 테두리접시거미

중국어리염낭거미와 알에서 나오는 새끼

거미는 어떻게 짝짓기와 알 낳기를 하나요?

거미 수컷은 암컷보다 빨리 어른이 되어 짝짓기할 암컷을 찾아 나섭니다. 암컷은 수컷보다 몸집이 크고 사납기 때문에, 짝짓기 도중에 수컷을 잡아먹기도 하지요. 암컷은 짝짓기를 마치면 알을 낳습니다. 알의 수는 거미 크기에 따라 다르지만, 보통 크기의 암컷은 약 100개의 알을 낳습니다. 암컷은 거미줄로 알주머니를 만들어서 알을 감싸 보호합니다.

애어리염낭거미

우리 나라에도 독거미가 있을까요?

거미의 독은 얼마나 강할까요? 거미 가운데 사람에게 해를 끼칠 만큼 독이 강한 거미는 얼마 되지 않습니다. 독성이 강한 거미는 대부분 열대나 아열대의 따뜻한 지방에 살지요. 우리 나라를 비롯한 온대 지방에 사는 거미는 먹이를 잡을 때 쓸 아주 약한 독을 갖고 있을 뿐입니다. 우리 나라 거미 가운데 독이 가장 강한 거미는 애어리염낭거미로, 물리면 따끔거리거나 살갗이 부풀어 오릅니다. 하지만 반나절쯤 지나면 낫습니다.

남궁준 할아버지가 찾아낸 신종 거미

신종 거미란 세상에 알려져 있지 않던 거미를 처음 찾아내서, 이름을 붙인 새로운 종류를 말합니다. 아래에 소개하는 거미들은 남궁준 할아버지가 발견한 신종 거미들로, 할아버지가 직접 이름을 지어 주었답니다.

▶광릉땅거미
1969년 경기도 광릉숲에서 찾아냈다. 땅속에서 생활하는데, 어둡고 침침한 숲 속 바위 밑이나 나무 등걸에 집을 짓고 산다.

▶고려잔나비거미
1963년 6월 문경시 모산굴에서 발견했다. 우리 나라 모산굴에서만 사는 귀한 거미이다.

▲모산굴뚝거미
한국 고유종 거미로, 동굴이나 산속 돌 밑에 굴뚝처럼 생긴 집을 짓고 산다. 1967년 신종으로 발표했다.

▲제주굴아기거미
제주도 용암 동굴 속에서 흔히 볼 수 있다. 1966년 2월에 처음 발견해서 1969년에 신종으로 발표했다.

▲관악유령거미
서울시에 있는 관악산 등산로 바위 밑에서 처음 보았다.

남궁준 할아버지가 찾아낸 미기록종 거미

미기록종 거미란 다른 나라에서는 이미 알려져 있으나, 우리 나라에서는 눈에 띄지 않은 것을 처음 찾아내서 이름을 지어 주고, 기록한 거미를 말합니다. 할아버지가 발견한 미기록종 거미는 70여 종에 이릅니다.

▶**머리왕거미**
다른 거미가 쳐 놓은 그물에 침입해서 주인을 공격하고 잡아먹어서 '강도거미'라는 별명이 붙었다. 1962년 충주에서 발견했고, 한국, 일본, 중국 등지에 산다.

▶**큰새똥거미**
나뭇잎 등에 붙어서 꼼짝 않고 있는 모습이 새가 똥을 갈겨 놓은 것 같다고 해서 붙인 이름이다. 1960년 8월 문경 새재에서 찾아냈다.

◀**깨알거미**
언덕 고랑진 곳이나 풀숲 사이에 그물을 치고 그 가운데에 매달려 있다. 하지만 작아서 찾기가 어렵다. 1981년 8월, 제주도 탐라 골짜기에서 처음 보았다.

습성이 특이한 여러 가지 거미

거미 가운데는 먹이를 구하거나 짝짓기, 알 낳기, 새끼 기르기를 비롯해 그 생활 습성이 특이하고 흥미로운 것들이 있습니다.

▲낚시꾼, 도토리거미
그물을 치고 끈끈이 줄을 늘이고 있다가 물속이나 물 위에 사는 곤충을 낚아 올린다고 해서 '강태공거미' 라는 별명이 붙었다.

▲물에 사는 물거미
다리와 몸통에 빽빽하게 나 있는 긴 털 사이에 공기를 붙여다가 물속에 있는 공기집을 채워서 생활한다. 우리 나라에서는 천연기념물로 지정하여 보호하고 있다.

▲수컷을 업고 다니는 살받이게거미
산이나 들의 풀잎이나 꽃잎 따위에 숨어 있다.
크기가 작은 수컷이 암컷 등에 업혀 다닌다.

◀모성애가 강한 애어리염낭거미
새끼는 부화하고 나서 두 번째 탈피를 한 뒤에 어미 몸을 뜯어먹는다.
독이 있어, 물리면 반나절이나 하루 동안 아프다.

▲ 신부에게 선물을 주는 아기늪서성거미
산이나 풀숲에서 흔히 볼 수 있다. 짝짓기 때, 수컷이 암컷한테 먹이를 바친다.

◀ 그물 속에 숨어 있는 녹두먼지거미
그물 가운데에 먹이 찌꺼기나 알주머니를 염주 모양으로 늘어놓고 그 속에 숨어 있다.

◀ 그물을 쳐서
새끼를 보호하는 황닷거미
크기가 큰 거미로, 어미는 알주머니를 입에 물고 다니다가 알이 부화할 때가 되면, 알주머니 둘레에 실줄을 복잡하게 늘어놓아 적이 다가오지 못하게 막는다.

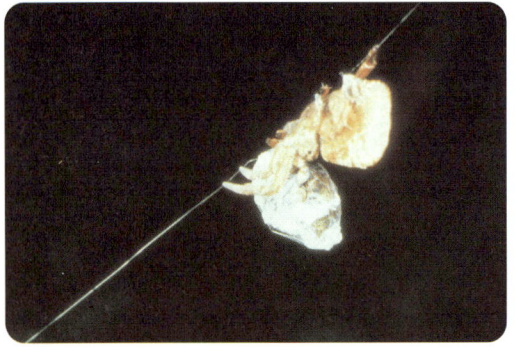

▲먹이를 머리에 이고 가는 부채거미
그물에 먹이가 걸리면 총알같이 뛰쳐나가 먹이를 실줄로
꽁꽁 묶어 머리에 이고, 본래 있던 자리로 돌아가서 먹는다.

▲날씬한 꼬리거미
다리를 몸과 일직선으로 쭉 뻗으면 솔잎처럼
보인다.

◀지이어리왕거미
주로 산에 사는데, 우리 나라에 있는 산이라
면 어디에서나 흔히 볼 수 있는 거미 가운데
하나이다.

◀밤에만 나타나는 주홍거미
산이나 풀숲의 키 작은 나무나 풀뿌리 밑에
땅굴을 파고, 집 위에 촘촘한 그물을 친다. 밤
에 먹이를 잡아먹기 때문에 눈에 잘 띄지 않
는다.

세계의 신기한 거미

우리 나라에서는 볼 수 없지만, 세계 곳곳에는 특이한 습성과 모양을 가진 거미들이 있습니다.

◀ 독거미 타란튤라
몸 길이가 9~10센티미터에 이르는 커다란 거미로, 무섭고 위험한 독거미로 알려져 있다. 그물 지름이 2미터나 되며, 작은 새 종류가 그물에 걸리기도 해서 '새잡이거미'라고 하기도 한다.
미국, 멕시코, 아마존 지방 같은 곳에 산다.

◀ 살아 있는 화석 일본배마디거미
'살아 있는 화석'이라고 일컬을 만큼 유명한 거미이다. 일본 규슈 중남부 지방의 낭떠러지나 벼랑에 집을 짓고 그 입구에 문을 붙여 놓고 숨어 있다가 근처를 지나는 먹이를 낚아채서 잡아먹는다.

동굴에 사는 거미와 동굴 생물

아무것도 살 것 같지 않은 동굴에는 여러 가지 거미뿐만 아니라 수억 년 동안 꿋꿋이 생명을 지켜 온 동굴 생물이 살고 있습니다.

◀ 말꼬마거미
암컷이 끈끈이로 끌어 올리고 있는 노린재를 수컷이 가로채고 있다.

▼ 방패소경거미
몸통이 방패 모양으로, 우리 나라에서만 볼 수 있다.

◀ 만주굴시내거미
어둡고 으슥한 동굴 벽이나 바위 벽 사이에 둥근 그물을 치고 매달려 있다.

◀입술접시거미
우리 나라 곳곳에 있는 동굴에 살며, 작은 공 모양의 흰색 알주머니를 천장 같은 데에 매달아 놓고 어미가 보호한다.

◀환선장님좀딱정벌레
눈이 없어서 긴 다리와 더듬이, 몸털 들이 촉각기 노릇을 대신한다. 1963년 신종으로 발표했으며, 생물 연구에 중요한 벌레이다.

▲비룡갈르와벌레
약 3억 5천만 년 전 동물로 알려져 있으며, 일명 '화석 곤충'이라고 한다. 눈은 사라지고 없다. 1966년 6월 정선 비룡동굴에서 찾아냈고, 1974년 신종으로 발표한 귀중한 벌레이다.

▶고려가게거미
우리 나라에만 사는데, 동굴이나 산속에 있는 돌 밑에서 볼 수 있다.